NE L'APPELEZ PLUS JAMAIS FRANCE

Du même auteur

Aux Éditions du Rocher

Retour d'Israël, 1992.
La droite peut-elle détruire la France ?, 1993.
L'Argent de la télévision, 1996.
Voyage au bout de l'Allemagne, 1999.
Les Raisons de ma colère, 2002.
Je ne demande pas pardon, 2002.
Mémoires, 2004.
Dien Bien Phu. Pourquoi en est-on arrivé là ?, 2004.

Chez d'autres éditeurs

L'Anatomie du parti communiste, Éditions Denoël, 1952.
L'État contre Paris, Éditions Hachette, 1962.
Des barricades et des réformes, Librairie Fayard, 1968.
Si la France parlait (prix de la littérature Malherbe), Librairie Fayard, 1973.
Lettre aux giscardo-gaullistes (prix Sévigné), Éditions Mengès, 1980.
Le Théâtre des opérations, Éditions de la Table ronde, 1982.
La Fraude électorale de la gauche, Éditions Albatros, 1983.
Nous ne serons plus jamais socialistes, Éditions Albatros, 1984.
Les Immigrés : le choc, Librairie Plon, 1985.
1940, la droite était au rendez-vous : qui furent les premiers résistants ?, Éditions Robert Laffont, 1985 et L'Âge d'homme, 1999.
Réformer l'Administration, Éditions Albatros, 1987.
Les Privatisations, oui mais..., Éditions républicaines, 1987.
Trois Portraits cavaliers (de Gaulle, Giscard d'Estaing, Mitterrand), Éditions De Fallois, 1990.
Politique d'abord, Éditions Albatros, 1991.
Mieux privatiser (rapport au Premier ministre), La Documentations française, 1994.
La Droite molle, Éditions Plon, 1997.
Une idée certaine de la France, Éditions France-Empire, 1998.
1940 : qui étaient les premiers résistants ?, Éditions L'Âge d'homme, 1999.
Les Années Jospin, Éditions des Syrtes, 2000.
L'Âme d'un peuple, Éditions L'Âge d'homme, 2002.
De Gaulle encore et toujours, Éditions L'Âge d'homme, 2006.

Alain Griotteray

NE L'APPELEZ PLUS JAMAIS FRANCE

ÉDITIONS DE PARIS

13 rue Saint-Honoré, 78000 Versailles
http://www.editions-de-paris.com

ISBN 13 : 978-2-85162-203-7

Maquette Atelier Fol'Fer
Couverture et 4e de couverture : dessins de *Trez*

Sommaire

Avant-propos 9
I. Les casseurs Esplanade des Invalides 13
II. Christian Jelen 19
III. L'islam 25
IV. L'Algérie 33
V. Des origines chrétiennes 41
VI. Éducation nationale 47
VII. La dette augmente 53
VIII. Le choix des peuples 59
IX. À la recherche de leur âme 63
X. Le non à l'Europe de Bruxelles 69
XI. La Côte d'Ivoire 75
XII. Euro 79
XIII. L'effondrement économique français 85
XIV. Judéo Gaullard 101
XV. La jeunesse 109
XVI. Honneur et patrie 113
XVII. L'esclavage à toutes les sauces 119
XVIII. La discorde et l'unité 125
XIX. Secret défense 131
XX. La Corse 137
XXI. La Constitution et les Législatives 143
XXII. L'énergie nucléaire : un miracle français 149
XXIII. Excusez-moi d'être français 155
XXIV. Ai-je envie de le rester ? 161
XXV. Les incertitudes des élections prochaines 165
XXVI. Les méfaits de la nouvelle aristocratie 173
XXVII. Parvis Notre-Dame Jean-Paul II 179
XXVIII. Le Moyen-Orient et le Liban 183
XXIX. L'islam ne renonce jamais 187
Conclusion 193

AVANT-PROPOS

Les premières phrases de l'Appel, le premier tome des *Mémoires de Guerre* du général de Gaulle, sont dans toutes les mémoires des combattants de la France Libre.

« Toute ma vie, je me suis fait une certaine idée de la France… telle la Princesse des Contes, de la Madone des fresques des Murs… créée pour des succès achevés ou des malheurs exemplaires… S'il advient que la médiocrité marque ses faits et gestes, j'en éprouve la sensation d'une absurde anomalie imputable aux fautes des Français, non au génie de la patrie ».

Les gens qui n'aiment guère le général en conclurent que s'il aimait la France, il n'aimait pas les Français. Il y a peut-être quelque chose de vrai dans ce jugement. Je le méditai en relisant les derniers mots de mes propres souvenirs. Ils résument ma vie : « aimer et servir la France ». La conclusion du général osant écrire : « À mon sens, la France ne peut être la France sans la grandeur » m'inspira, au moment où je relisais, pour les corriger, les textes de toutes mes amertumes d'aujourd'hui, l'idée, devant la confusion politique que je décrivais, qu'elle ne pouvait concerner la patrie à laquelle tant des miens s'étaient sacrifés. Ce pays, ce territoire, cet hexagone où s'agitait un peuple mobilisé par le football ne pouvait être la France. Ne l'appelez plus jamais France et passez à autre chose !

Dans mon adolescence, je n'appréciais guère Jean Giono. On décrivait sa sensibilité de gauche, si contraire à la mienne, son pacifisme, si opposé à mon goût inconscient de la gloire. Les hasards de mes lectures m'ont fait tomber sur une de ses chroniques de 1963. Elle a pour titre : le sport, et commence par cette affirmation : « Je suis contre, parce qu'il y a un ministre des Sports… Quarante mille personnes s'assoient sur les gradins d'un stade et vingt-deux types tapent du pied dans un ballon » ; « suivant les régions », ajoute Giono, « un demi-million joue au concours des pronostics et vous avez alors ce qu'on appelle le sport. C'est un spectacle, un jeu, une combine, on dit aussi une profession… »

Le texte continue sur ce ton. Si j'avais commis de telles affirmations, on dirait : évidemment Griotteray est un extrémiste de la contestation, de la droite !

Non, Giono exprimait, avec un talent que je n'ai pas, la gêne que j'éprouve comme lui, à voir tout un peuple mobilisé pour une compétition au coût fabuleux, qui rappelle, qu'on le veuille ou non, les jeux du cirque qui préparaient la fin de l'Empire romain.

Le mal n'est pas français, il est européen.

Ce n'est pas un hasard si cette coupe du Monde de football se déroulait dans le stade retrouvé qui fit la gloire des jeux olympiques d'Hitler avant que le monde fasciné ne se détruise dans ce qui fut un instant le plus grand conflit de l'Histoire.

De Gaulle, Giono et moi nous avions d'autres ambitions et d'autres espérances pour la France. L'écrivain poète imaginait une utilisation différente des crédits illimités consacrés au « sport », telle qu'on désigne la grande compétition mobilisant l'opinion du monde entier. L'euphorie officielle entourant les victoires et même les défaites des blacks, blancs, beurs sur les terrains de football gomme un instant les vrais affrontements. Des violences émaillent pourtant ici et ailleurs les victoires ou les défaites célébrées à grands renforts de télévision ! Un sondage récent en Grande-Bretagne révèle que 55 % des Britanniques jugent que quelque chose de la culture traditionnelle a disparu. Ces inquiétudes ? Les pouvoirs publics européens feraient bien d'en prendre acte, de les méditer plutôt que d'admettre par leur passivité soumise que toutes les civilisations sont mortelles et qu'il est donc naturel de laisser disparaître la nôtre.

Chapitre I

LES CASSEURS, ESPLANADE DES INVALIDES

Le 23 mars 2006, en fin d'après-midi, sous mes fenêtres, (j'habite sur l'Esplanade des Invalides), j'entendais hurler « CRS – SS ». Je regardais du 5e étage les derniers feux de la manifestation des étudiants, des élèves, des syndicats et des voyous contre le CPE ! Les CRS impavides, insultés, bloquaient entre les quais et la rue Saint Dominique quelques centaines de garçons, de filles, de voyous ne pouvant s'éloigner encadrés entre deux rangs de CRS. Ils me semblaient d'ailleurs n'avoir nulle envie de s'enfuir. Vers 18 heures, nombre de manifestants s'étaient résignés à quitter la place, parfois en courant. Le moment était venu de rentrer chez soi. Ne restaient que les curieux, nombreux, installés sur les balustrades entourant la place, qui n'avaient pas l'air émus par le spectacle et par les cris, et les irréductibles, qu'on appelle les casseurs, pérorant et hurlant au milieu de filles et de garçons heureux de se faire photographier et interroger par les journalistes qui leur conseillaient de former un petit groupe pour que la photo soit plus belle.

Toutes les cinq minutes, trois ou quatre CRS s'avançaient et interpellaient un individu. Du haut de ma fenêtre, je l'identifiais mal : étudiant, élève, casseur ; leur arrestation ne les inquiétait manifestement pas. Ils suivaient les CRS, résignés, applaudis par leur entourage, ils ne témoignaient d'aucune velléité d'échapper aux CRS-SS, conscients qu'ils ne risquaient rien !

Devant l'explosion de la rue de ce mois de mars 2006, les autorités, la Presse, les médias évoquent avec nostalgie Mai 1968.

Il est vrai que ceux qui à l'époque se vantaient eux-mêmes d'être « les Enragés », hurlaient déjà : « CRS-SS ».

Les enragés d'aujourd'hui, comme ceux d'hier, ne connaissent rien à l'Histoire. Les observateurs, dans leurs commentaires, semblent en savoir encore moins. Mai 1968, en dépit de son absurdité, laisse dans les mémoires le souvenir d'un appel de la jeunesse à la liberté.

Notre pays a besoin tous les 20 ou 30 ans de ces explosions qui déconcertent et que nul ne semble jamais prévoir. La guerre provoque des périodes d'accalmie, car la France a besoin de se reposer. Si l'entre-deux-guerres se prolonge, le romantisme français de la violence trouve d'autres chemins parfois plus étranges. À la défaite de 1870 succédèrent de longues années de stupeur suivies d'une période de violence, ponctuée par une série d'attentats anarchistes.

La guerre de 14 mit fin à ces troubles liés aux explosions « sociales » de toutes natures. L'entre-deux-guerres suivant ne laissa pas le temps à la violence de se manifester de la même manière ; le 6 février 34 ne s'apparente pas à ces explosions longues et débouchant sur le vide, les grèves du Front Populaire non plus.

En 1940, lorsqu'on avait l'appétit d'exister, les choix pour la jeunesse étaient clairs. En 45, la IVe République incapable d'assumer le destin de l'Empire offrit à la violence le terrain indochinois d'abord ; puis l'agonie de l'Algérie mobilisa tous les instincts, dans tous les sens. S'affrontaient les partisans avoués ou non de l'Anti-France et les nostalgiques de la grandeur de la Patrie. Le recours au général de Gaulle sortit le pays de l'impasse. Dix années s'écoulèrent, distillant le confort et l'ennui. Une jeunesse qui n'avait pas connu la guerre, ni le besoin de vivre en paix, cherchait de nouvelles espérances dans de nouvelles idées forces pour échapper à une France à ses yeux rétrécie sur elle-même dont les structures politiques et économiques traduisaient le compromis entre un capitalisme sclérosé et un socialisme fainéant, laissant peu de place aux tempéraments vigoureux et anti-conformistes.

Les observateurs ne voyaient rien venir. « La France s'ennuie » titrait dans le Monde un éditorialiste célèbre. Nul ne prévoyait l'explosion. Puis pendant quelques longues semaines de désordre, pas un journaliste n'aperçut la France profonde prête à rejeter la révolte grotesque de la jeunesse. Les partis de gauche tentaient d'utiliser le désordre auquel s'étaient joints les syndicats. Le Parti communiste, oublié aujourd'hui, s'efforçait, sans y parvenir, de participer à cette révolution !

En mai 1968, le quartier latin nageait dans des rêves, retrouvant des mots des grands ancêtres et leurs grands mensonges. Drogués d'idéologie nihiliste, leurs chefs de file cherchaient à combler le vide que laissait devant eux une société où tout était alors trop facile. Les jeunes favorisés faisaient des plans de carrière, selon le mot alors à la mode. Les autres n'avaient pas de problème pour trouver du travail. Tous vivaient dans une société sans certitude et sans idéal, dans un monde où les curés étaient tentés de distinguer Dieu dans la barbe de Karl Marx et où les hommes politiques célébraient le matin les morts de la guerre sur les places publiques et applaudissaient le soir dans les théâtres n'importe quelle pièce « engagée » et subventionnée ; un monde, écrivais-je à l'époque, où la seule couleur qui tranche sur le rouge est le noir du désespoir.

Face au vide de la société républicaine, le maoïsme séduisait les jeunes plus que le Parti communiste fidèle à l'Union Soviétique… Le gouvernement de la République publiait un livre blanc sur la jeunesse dont le préambule affirmait sous la signature du ministre Missoffe : « je ne suis pas de ceux qui se permettraient d'influencer les jeunes dans leur formation morale, politique, religieuse, philosophique. » Lorsque je lui reprochai cette affirmation, il me répondit : « Influencer la jeunesse, Griotteray, c'est le fascisme ! »

Pour moi j'étais certain, je le suis toujours, qu'abandonner la jeunesse à ceux qui faussent sa formation, c'est l'influencer plus encore ! Je posais publiquement la question : « Nous sentons-nous trop incertains pour agir sur la formation de la jeunesse ? Serons-nous les simples garde-fous de ces débordements ? » Nul ne m'a jamais répondu.

Près de quarante ans nous séparent des mésaventures de mai 68. La jeunesse est de nouveau dans la rue où se trouvent pêle-mêle les éléments les plus divers. Nul ne fait plus de plans de carrière, les « favorisés » ambitieux quittent la France.

Il y a tous ceux qui ne se manifestent pas, ceux qui vont à pied à leur travail les jours de grève. De ceux-là on ne parle pas. Ils se souviennent sans se révolter que le programme présidentiel de Jacques Chirac annonçait : « Dès qu'il serait élu, il mettrait en œuvre un service garanti minimum aux usagers dans les services publics pour en assurer la continuité en cas de conflit social ». Ce n'était pas original. Depuis trente ans, cet engagement figurait dans tous les programmes chiraquiens, sans que la condition de l'usager change si peu que ce soit ! À un an de la fin de son mandat, toujours rien ! Rien sauf les propositions des uns et des autres au cours du temps, Dominique Bussereau (depuis ministre), Jean-Louis Debré, José Rossi, Douste Blazy en 99, Estrosi (tous devenus ministres), Gilles de Robien. Ce dernier alors ministre des Transports pressentait l'avenir : il refusa de légiférer, « car légiférer de manière brutale, c'est le meilleur moyen de bloquer » ! décrétait-il du haut de sa superbe. Que n'a-t-il convaincu son Premier ministre aujourd'hui…

La Presse, que dis-je tous les médias, ne se préoccupent jamais des réactions de la majorité parce qu'elle est silencieuse. Ils n'ont qu'indifférence et mépris pour tous ceux qui votent pour le Front National. Au cours d'une réunion de groupe des élus du Parti Républicain, à l'époque présidé par Gérard Longuet, je m'exclamai : « les Français votent Le Pen comme on appelle au secours ! » Longuet, dont les engagements d'origine étaient beaucoup plus à droite que les miens, approuva, trouva la formule excellente et l'on passa à autre chose.

Pas un journaliste, pas un éditorialiste avant le 30 mai 68 ne prévoit ce qui va se passer, ne devine les réactions profondes de la population. Les journalistes étaient-ils tous engagés dans le processus révolutionnaire, écrivant, parlant à la télévision pour orienter l'opinion toujours dans le même sens ?

Toujours aussi loin de l'événement, ils se comportaient comme s'ils étaient soumis à une censure occulte.

Dans les derniers jours de mai 1968, France-Soir titrait un article laissant prévoir la démission du général de Gaulle, avec la formule… « comme en 46 ! »…

Pas un mot de la manifestation qui se préparait à l'Arc de Triomphe ! La stupeur sera d'autant plus grande devant l'ampleur de la réaction populaire !

Hélas, dès les élections de juin, triomphe du peuple, tout fut oublié. Les responsables agirent comme si ce mois de mai, inquiétant, n'avait jamais existé. Les politiques se contentèrent d'être à nouveau les intendants d'une instruction sans objectif et les éventuels garde-fous des débordements.

Nulle voix ne s'élèvera pour analyser les causes de cet étrange accident de l'Histoire ; le spectacle terminé, les dirigeants de la République, ministres, députés de la majorité et de l'opposition se contentaient d'une campagne des législatives évitant de traiter le fond du problème. Seul le général de Gaulle, dans l'entretien d'une heure qu'il accorda à la télévision à Michel Droit, posa les problèmes essentiels en homme que son destin exceptionnel ne mettait pas à l'abri du doute. Nul ne suivit son exemple ; l'occasion était pourtant offerte de démystifier, de donner les raisons de ce qui avait été fait et de ce qui ne l'avait pas été. Dans les étonnantes réponses à Michel Droit du chef de l'État, j'ai trouvé l'explication de son obstination à donner quelques mois plus tard par référendum la parole au peuple français. C'était pour lui l'occasion d'ouvrir les grandes réformes ; cela explique son approbation de la loi Edgar Faure que seul je n'ai pas votée. Giscard me mettait en garde, « Tu ne peux pas voter contre, le général y tient ! » Je ne votai pas. À mes yeux, elle ne répondait pas aux objectifs évoqués par de Gaulle lui-même. Sans doute, la loi Edgar Faure ouvrait la porte à une évolution des universités. Mais le système se contentait de la facilité débouchant sur une situation plus incohérente encore.

Nul n'a analysé l'obstination du général de Gaulle à présenter son référendum. Navigant dans l'absurde, les partisans de la Régionalisation, Giscard à leur tête, firent voter contre. Pour ma part, bien que méfiant devant le texte lui-même, je me ralliai car je redoutais plus que tout le statu quo.

De Gaulle trouva là l'occasion de s'effacer, et la France s'endormit. L'efficacité de Georges Pompidou assura le développement industriel, économique, mais le mois de mai était oublié ; la Ve République gérait indifférente une France prospère.

Chapitre II

CHRISTIAN JELEN

« Ils deviennent délinquants parce qu'ils sont culturellement mal assimilés et socialement mal intégrés. »

(Christian Jelen, 1999)

Ne jamais vouloir connaître les raisons d'un mal. Éviter de les évoquer. Ne pas chercher de réponses. Laisser tout recommencer comme avant.

Les affrontements de banlieue n'ont jamais provoqué aucune analyse sérieuse. Nul dirigeant de la droite molle ou de la gauche n'a analysé les origines de ces affrontements, ni cherché les mesures à prendre pour qu'ils ne se reproduisent pas. Les médias, toujours eux, nous ont rabattu les oreilles avec les problèmes des jeunes de banlieue que nous aurions abandonnés au sort le plus misérable sans jamais apporter de remèdes, sinon affirmer qu'il faut donner de l'argent, pour les loger, leur assurer du travail et créer un environnement digne de leur mérite. Comme nul ne s'est préoccupé de trouver explications, réponses, solutions, de nouvelles épreuves étaient prévisibles mais les pouvoirs publics continuèrent leur chemin sans rien prévoir, d'où leur surprise devant les explosions même en plein Paris !

Longtemps, l'immigration fut un sujet tabou, un sujet pestiféré puisque le Front National s'en était emparé. Seuls, les « pro-immigrationistes » étaient autorisés à en parler. La chape de plomb médiatique était maximale. Si le sujet était évoqué, ce devait être au nom de l'humanisme. Tout rationalisme était banni. Il fallait être généreux et accueillir tous ceux qui choisissaient la France. Interdit de constater que leur présence posait des problèmes dans les écoles, contribuait à l'insécurité, aggravait le chômage. J'osai écrire qu'à l'issue de la guerre la France importait des travailleurs, mais que désormais elle importait des chômeurs ! Pourtant, mon livre *Les immigrés, le choc* fut bien accueilli en 1983. J'avais eu soin d'éviter un ton polémique. Le choc, c'était la surprise des Français, qui ont accueilli tant et tant d'émigrés, de constater que pour la première fois, arrivaient chez eux des étrangers qui entendaient le rester ; en gardant leurs coutumes, leur religion ; en refusant même parfois de parler français.

Lorsqu'en 1983, je montrai les dangers de la naissance d'une France multiraciale, multiculturelle, je préconisai la consultation du peuple par un référendum sur l'immigration !

Mon éditeur, soucieux d'objectivité, publia au même moment la thèse de Stasi « L'immigration, une chance pour la France ». Louis Pauwels lui-même souhaita que le *Figaro Magazine* présentât les deux livres face à face ! Quatorze ans s'écoulèrent. 1997 vit une véritable Intifada s'installer en banlieue ! Le programme engagé de l'opposition (RPR et UDF), approuvé par les électeurs lors des législatives, proposait des mesures fortes tenant compte des réalités. Il ne fut pas appliqué. Médias, que dis-je Conseil d'État, Conseil Constitutionnel, lâcheté des parlementaires bloquèrent les propositions de Charles Pasqua, puis celles de Jean-Louis Debré.

Succédant à la droite effacée, la gauche s'employa à régulariser tous les clandestins, ouvrit le regroupement familial à tous les proches *(ce n'est plus les épouses et les enfants qu'on fait venir, c'est tout le monde)* et accueillit tous les combattants pour la liberté ! *(Qui ne l'est pas ?)* Un véritable délire avait saisi le pouvoir.

Les politiques possédés par la crainte d'être traités de crypto-lepénistes se taisaient. Quelques phrases échappent pourtant aux plus grands, sans doute conscients de l'exaspération de l'opinion. Mitterrand concède un « seuil de tolérance », Michel Rocard confesse que la France ne pouvait accueillir toute la misère du monde. Valéry Giscard d'Estaing et Jacques Chirac, peut-être tout à coup conscients de l'imprudence de leur mesure « de regroupement familial », chacun à sa manière firent leur autocritique.

Le premier trouva le mot juste en parlant de l'invasion, mais se rétracta devant la réaction de la télévision suspendant une émission qui lui était consacrée. Quant à Chirac, il évoquait « les odeurs » pour ne plus en être incommodé le lendemain.

L'absence de débat est indigne. L'immigration reste un sujet interdit, qui n'est même pas évoqué lors des campagnes présidentielles. Le silence ! comme sur l'Europe. La démocratie est bien morte ! La chape de plomb pourtant se fissure.

Des personnalités reconnues, sans lien avec le Front National, prenaient position. Je pense à l'excellente lettre de Thierry Desjardins : *Lettre au Président de la République.* Il dénonce les mensonges et les clichés. Il donne les chiffres et les vrais enjeux et annonce « que ce foutu problème *(je le cite)* sera le problème essentiel des années à venir » *(tout ça est écrit en 83).* Jean-Claude Barreau pousse un cri d'alarme plus inquiétant encore. D*e l'Islam au Monde moderne* et *La France va-t-elle disparaître ?* Il écrit que ceux qui viennent en France, en conservant leur langue, leur culture, leur religion ne sont pas des immigrés, mais des colons. Je pourrais citer Jean-François

Revel, Claude Imbert et même le colloque organisé à l'Institut de France sous la direction de Pierre Messmer où les participants, de Jean-Claude Casanova à Alain Peyrefitte, ne mâchaient pas leurs mots.

Mais le pouvoir restait indifférent et muet. Les médecins lucides sur le diagnostic ne proposaient pas de solutions. Les immigrés « officiels » sont alors sept millions et demi, cela sans compter les clandestins.

Et puis tout le monde passe sous silence la loi du droit du sol définissant la nationalité condamnant comme raciste la loi du sang !

Lorsqu'en 1983 je décrivais mes préoccupations, j'avais à l'esprit la première génération d'immigrés, ceux qui venaient en France pour travailler et envoyaient une grosse part de leur salaire en Afrique du Nord, puis ceux que le regroupement familial attirait, sans se soucier de l'avenir. La guerre civile en Algérie, les massacres qui avaient succédé au départ des Français, incitaient les mères à pousser leurs fils à s'expatrier de l'autre côté de l'eau où des parents les accueillaient. Une immigration de jeunes fuyant la guerre civile entre le pouvoir algérien et les islamistes s'installait en France, à laquelle allait succéder une immigration noire que nul n'imaginait dans les années soixante-dix, quatre-vingt.

Vingt ans ont passé ; une génération nouvelle est là, sous nos yeux. Nul ne s'est préoccupé, sauf dans tous les discours, d'en faire des Français ! Les faire parler français, leur faire comprendre ce qu'est l'autorité de l'État, revenir à l'école de Jules Ferry ! « Défense de cracher par terre et de parler breton ! » *(C'était ce qui était écrit dans les écoles publiques de son temps).* « Défense d'insulter son professeur, de parler africain ou arabe ! » Ne pas les entretenir dans une situation d'assistanat.

François Bayrou proposa habilement de rendre la parole au peuple pour qu'à l'occasion d'un référendum, il se prononce sur le droit à la nationalité. 75 % des Français souhaitaient être consultés, 76 % des Français souhaitaient qu'il n'y ait pas de procédure automatique d'acquisition de la nationalité.

Hélas, nous sommes un étrange peuple qui comme les Aztèques autrefois, refusant de combattre quelques centaines d'Espagnols, choisit de se suicider. Si elle ne réagit pas, la France pourrait, comme le craignait le général de Gaulle, être « une grande lumière qui s'éteint ».

Tout cela, en 1997 ! C'est l'année où Christian Jelen lançait un cri d'alarme « Les casseurs de la République ».

Aujourd'hui, les casseurs sont dans la rue.

En 1999, Jelen publia, l'année de sa disparition, un autre livre : « La guerre des rues ». *(Ce n'est donc pas nouveau, hein).* Juif immigré de Russie, dont la famille fut décimée par les nazis, Jelen qui n'est évidemment pas raciste, qui est plutôt de gauche, décrit les choses telles qu'il les voit en 1999.

« J'affirme, dit-il, que la violence des jeunes émane surtout des Français dont les parents ont émigré d'Afrique du Nord ou d'Afrique Noire. Ils ne deviennent pas délinquants en raison de leur origine, mais parce qu'ils sont culturellement mal assimilés et socialement non intégrés ».

L'erreur de Missoffe portait ses fruits ! Ne pas influencer la jeunesse : résultat, elle fait n'importe quoi, subissant les influences les plus provocantes, de l'anarchie à la drogue. Parfois, dans la recherche romantique de l'avenir propre aux jeunes, elle trouve dans l'Islam une raison de vivre ou de mourir.

Chapitre III

L'ISLAM

Deux ministres de l'Intérieur, l'un de gauche, l'autre de droite, ouvrant les yeux, découvrirent la présence en France des musulmans et les problèmes qu'elle causait. Jean-Pierre Chevènement eut l'idée de créer un conseil français du culte musulman de France ; Sarkozy, son successeur, soucieux de privilégier les modérés par rapport aux intégristes, organisa des élections et la désignation à la Présidence du CFMC (conseil des Français musulmans) de Daliil Boubakeur, recteur de la mosquée de Paris. Mais, lors des dites élections au Conseil de Région, les intégristes l'emportèrent ; ce que Sarkozy n'avait pas prévu ! Dans la foulée, on apprit que l'Arabie Saoudite décidait de contribuer pour un million d'euros à la restauration de la dite mosquée. Les réserves de Boubakeur, qui jusque-là condamnait le fondamentaliste « wahhabite », tombèrent d'elles-mêmes. Il devenait l'otage des Saoudiens, sans renoncer pour autant aux fonds octroyés par l'Algérie. L'Islam à la française a désormais deux sources de financement… étrangers l'un et l'autre, et le moins que l'on puisse dire, c'est qu'ils ne sont pas neutres ! La ville de Paris ne veut pas être en reste et verse huit millions d'euros, exemple suivi par le Conseil Régional ; le ministère de la Culture met également la main à la poche ; certains socialistes veulent aller plus loin encore ; Manuel Valls demande que l'État subventionne directement la création des mosquées afin, je le cite, « que l'Islam soit sur un pied d'égalité avec l'Église catholique. » On croit rêver ! Il va même jusqu'à suggérer un aménagement de la loi de 1905 sur la séparation de l'Église et de l'État.

Tout cela, au moment où l'on s'apprêtait à célébrer le centenaire de ladite loi de 1905, interdisant le financement par l'État de la construction de nouvelles églises. Elles sont à la charge exclusive des fidèles. Si les pouvoirs publics doivent pourvoir à l'entretien et à la restauration, c'est qu'ils assument les conséquences de la spoliation des biens ecclésiastiques. Oubliées les persécutions anticléricales ! J'en viens à regretter l'absence d'un successeur du petit père Combes. Il expliquerait aux responsables de la République (Sarkozy compris) que si l'État veut que l'Islam soit dans la même situation que l'Église catholique, il devrait d'abord expulser les imams des moquées, les bannir, confisquer leurs biens après avoir procédé à un inventaire et en rétrocéder ensuite, sous condition, la jouissance aux responsables musulmans… C'est là « le privilège » de l'Église catholique qu'on lui reproche aujourd'hui !

Certains, supposés n'être pas de gauche, vont plus loin. Les journaux ont décrit la surprise de quelques élus profitant des indiscrétions sur les travaux de la Commission Stasi (l'homme de l'immigration « Une chance pour la France »). Elle suggérait un nouveau pas vers l'islamisation de notre pays. Le rapport comportait en effet une proposition tentant à instituer l'Aïd el Kébir et le Yom Kippour comme jours fériés scolaires ; le Yom Kippour servait naturellement d'alibi et de justification à l'institution de l'Aïd el Kébir. Le président de la République n'a pas accepté ces propositions de la commission Stasi. Mais un pas a été franchi. La gauche, elle, est favorable, donc en cas d'alternance les socialistes feront ce que Chirac a refusé « au nom de la laïcité », pierre angulaire, selon lui, de la République. Jacques Chirac, on le sait, n'est pas à une contradiction près. Dans son discours du 17 décembre 2003, il reconnaissait le fondement judéo-chrétien de notre civilisation. Pourquoi judéo ? Certes, le christianisme est issu du judaïsme, mais autant Chirac a raison « de parler de cette vieille terre de catholicisme » et de rappeler que la France a su dépasser les déchirements des guerres de religion et reconnaître leurs places aux protestants et aux juifs avant la Révolution, autant il s'aventure lorsqu'il imagine possible de mettre l'Islam sur un pied d'égalité avec le christianisme. Un Islam dont il admet qu'il est une religion plus récente sur notre territoire ! Et de justifier ainsi son « refus provisoire » en invoquant la laïcité permettant à tous les Français, quelle que soit leur origine, de se rassembler ! Que « l'élite intellectuelle » et politique de notre pays ait pu imaginer les propositions de la commission Stasi témoigne de la perte de tout sens de la Nation ! D'ailleurs, les musulmans ne sont pas satisfaits de ces éventuelles concessions qui, à leurs yeux, n'empêchent pas leur peuple de « subir » les fêtes chrétiennes ! Le maire socialiste à la tête de Paris donne satisfaction à l'Islam. Une très ancienne tradition voulait qu'il y ait une crèche à Noël tous les ans sur le parvis de l'Hôtel de Ville. Monsieur Delanoë l'a supprimée pour la remplacer par une patinoire, qui, selon sa formule, concerne, elle, tous les parisiens ; ce qui est triplement faux. La crèche était naturellement visitée chaque année par des chrétiens, catholiques ou non, mais les autres visiteurs beaucoup plus nombreux venaient pour sa beauté et par curiosité. Quant à la patinoire, n'en déplaise au maire, elle n'intéresse que ceux qui peuvent patiner – ce qui exclut les personnes âgées, les handicapés et tous les petits enfants qui rêvaient de voir le bœuf et l'âne autour du nouveau-né.

Noël devient une fête païenne, la fête du solstice d'hiver ! Le maire de Paris, supprimant Noël, a été imité par nombre de ses collègues de province, maires de villes pour le moment à majorité socialiste !

Ainsi, pas à pas, se réalise l'islamisation de notre pays !

À cette affirmation, d'aucuns répondent par l'accusation d'islamo-phobie : nouveau péché découvert par ceux que leurs adversaires n'avaient jamais traité d'islamophiles !

Tarik Ramadan, intellectuel musulman, que d'aucuns, notamment à France 2 à la télévision, considèrent comme un intégriste modéré, a inventé l'islamo-phobie. Restait pourtant encore une relative liberté de parole qui permit à Michel Houellebecq d'affirmer sur le ton qui le caractérise : « la religion la plus con, c'est quand même l'Islam ». La ligue des Droits de l'Homme l'a aussitôt poursuivi. Tout cela est bel et bien beau, fait-on observer ; mais tous les musulmans ne sont pas terroristes ! C'est vrai, mais tous les Allemands n'étaient pas nazis ! Nous fîmes la guerre aux Allemands pour les libérer des nazis, dit-on parfois, oubliant tous les autres conflits avec l'Allemagne ; mais ceci est une autre histoire ; la barbarie au cours des temps prend bien des visages.

Les immigrés ne sont pas tous islamistes. Beaucoup parmi les noirs ont apporté avec eux d'autres coutumes, d'autres tabous, l'excision notamment ; leurs enfants, leurs petits enfants dont nos lois ont fait des Français automatiques n'ont pas compris ce qu'impliquait cette nationalité qui leur est étrangère et imposée. Ils n'éprouvent pour elle aucun intérêt, aucun respect ; ils grandissent dans un monde qu'ils ignorent. Les grands frères leur apprennent lorsqu'ils deviennent adolescents que cette France mérite d'être « niquée ». Dans leur environnement sous-culturé, lorsqu'ils rencontrent l'Islam, ils ont le sentiment d'avoir enfin quelqu'un qui leur parle. N'a-t-on pas déjà décrit les jeunes voyous qui en prison découvrent l'espérance musulmane. Oui, entend-on répondre, mais bien des immigrés sont devenus de véritables citoyens.

Longtemps, l'absorption des immigrés en Grande-Bretagne fut citée en exemple. Tous ces Pakistanais devenus des Anglais, parlant parfaitement la langue de ce pays d'accueil ; parfois l'écho d'affrontements dans certaines villes britanniques parvenait jusqu'aux journaux français. Mais le comportement des jeunes médecins issus du Pakistan, pour ne citer qu'eux, témoignait de leur anglicisation ! Le mythe fut brisé brutalement lors des attentats de Londres. Certains répondirent dans un anglais parfait : « je parle anglais, oui, tout le monde parle anglais dans le monde, mais je n'ai rien de commun avec ces gens-là ! ».

Le mal est européen. Ce n'est pas une consolation pour la France. Madame Fallacci a relevé que la situation était plus désespérée encore en Italie. N'évoquons l'Espagne que pour signaler qu'elle est le chemin naturel qu'ont emprunté et qu'empruntent encore aujourd'hui tant d'Africains pour venir en Europe. Quant à l'Allemagne, pour me consoler, un de mes amis d'Outre-Rhin me rappelait que les Arabes chez eux détestent les Turcs plus nombreux qu'eux en Allemagne. Ils portent dans leurs gènes les traces de la domination brutale des Turcs dans toute leur Histoire. Dans un lycée de Berlin, me confiait-il, il n'y a qu'un pourcentage infime d'Allemands ; les autres sont arabes et turcs. Ils passent leur temps à se battre à un point tel que les professeurs en viennent à refuser d'y enseigner !

Nous eûmes pendant la guerre bien des camarades algériens, marocains. Nombreux sont ceux qui sont tombés en Italie, en Alsace, à nos côtés ! Au cimetière de Sigolsheim, où reposent tant de commandos de France, sont aussi couchés des Arabes et des Kabyles. En vérité, eux et nous nous comprenions. Nous savions pourquoi nous nous battions côte à côte. Je crois que c'est mon ami Kermoal qui me rappelait qu'il fut un temps où nous eûmes un sergent marocain comme instructeur ! Comment avons-nous pu nous éloigner les uns des autres à ce point ?

En 97-98 Christian Jelen publia *La Guerre des rues et les casseurs de la République*, plus lucide, plus précis encore. Cette année, en 2006, vient de paraître un essai de Charles Pellegrini *Banlieues en flammes*. Comme son titre l'indique, cet ouvrage brosse de la façon la plus réaliste le tableau d'une démocratie à bout de souffle dépassée par la montée de l'Islamisme. À sa lecture, je m'interroge : pourquoi écrire à nouveau ce que subit notre pays ? Nos livres en 83, en 97, en 2006 semblent ne réveiller personne.

Je fis cette constatation récemment devant un de mes amis, Hilaire de Crémiers, je lui confiais être en train de relire les livres de Bainville écrits avant, pendant et après la première guerre mondiale. Tout y est décrit, analysé, prévu ! *Histoire de deux peuples continuée jusqu'à Hitler*, *L'Allemagne*, *Bismarck*, *L'Histoire de France*. Je cite les mots qu'il utilisait en 1935 ! « Si nous pouvions reconstituer la pensée des Français en 1204, nous trouverions un état d'esprit assez pareil à celui de nos guerres de libération ». Ceci écrit en 1935. Sans le savoir, Bainville décrivait notre passion cinq ans plus tard dans la Résistance, de l'appel du 18 juin 1940 à la Libération. Les textes de Bainville paraissaient dans l'Action Française, pour les Monarchistes certes. Mais aussi pour un immense public, celui du *Petit Parisien* ! Ses livres atteignaient des chiffres de vente incroyables. Et tout cela ne servit à rien. La façon implacable dont il décrivait les conséquences désastreuses et inévitables du traité de Versailles, les erreurs de Clémenceau après la victoire, celles plus graves encore du Président Wilson et des travaillistes anglais, m'impressionne et m'incite à me demander à quoi sert ce que nous écrivons aujourd'hui si ce que Bainville a prévu n'a servi à rien. Nos talents, loin d'égaler le sien, ne serviront à rien non plus ! Mon ami me répondit : ce sera utile pour les historiens de l'avenir ! Hélas, hélas, hélas, je ne peux résister au besoin de conclure que si la France, en ces temps-là entre trente et quarante, avait été gouvernée, si elle avait eu à sa tête d'autres dirigeants que ceux de la troisième république, elle aurait eu conscience de la montée des périls nationaux-socialistes allemands. Certes le peuple français fut munichois. L'accueil de Daladier qu'il n'avait pas prévu, à sa descente d'avion, à son retour d'Allemagne, témoigne à la fois d'un désir de paix et de l'aveuglement des parisiens venus à pied acclamer le chef du gouvernement.

La presse dans son ensemble, aveugle devant les périls, contribuait à créer cette euphorie : l'Allemagne nationale-socialiste n'était pas belliciste. Georges Bonnet recevait quelques semaines plus tard son homologue allemand, le Ministre des Affaires étrangères von Ribbentrop, venu étudier à Paris un accord économique franco-allemand, tandis que se préparait à Berlin, à huit jours près, l'occupation de Prague !

Vint la tragédie polonaise. Les yeux de la Grande-Bretagne s'étaient ouverts et, derrière Londres, Paris déclara la guerre à l'Allemagne. On dénonça l'existence d'une cinquième colonne infiltrée Dieu sait où. En vérité, la cinquième colonne c'était la presse française, dans son ensemble munichoise.

Depuis des années, les médias français sont à nouveau munichois : l'Islam pour eux n'est pas plus dangereux que le nazisme ne l'était jadis : les mêmes mots, les mêmes aveuglements, les mêmes mensonges. Mais l'invasion, elle, est plus réelle aujourd'hui que les pseudos « cinquième colonne » de jadis. Elle est là, se développant, avec notre accord, sous nos yeux, aussi efficace que nous ne le sommes pas.

Les jeunes, comme on dit « des cités », les pouvoirs les ont laissés naître et grandir sans se préoccuper de les « élever », de les former, de leur apprendre ce que c'est qu'être français ! C'eût été la moindre des choses puisque nés sur ce sol, ce territoire comme dit Tarik Ramadan, il avait été décidé qu'ils seraient français. Mais il eût fallu, il faudrait, mais sans doute est-ce trop tard, que leur ait été enseignée la grandeur de la France sous tous ces aspects. Elle a renoncé à le faire pour ses propres enfants, comment le ferait-elle comprendre à d'autres ? Les enfants, les jeunes ont besoin dans l'adolescence de rêves, d'espérance : la République ne leur offre que le vide des mots n'ayant de sens pour personne ! Lorsque des « jeunes » rencontrent l'Islam, c'est une cause à embrasser qu'ils découvrent, parfois une raison de mourir pour elle comme l'éprouvaient les Français à Poitiers, pendant les croisades, avec Jeanne d'Arc à Orléans et puis, selon la formule de Bainville, depuis Bouvines dans toutes les guerres de libération !

Chapitre IV

L'ALGÉRIE

Depuis des mois, un traité franco-algérien mijote, idée lancée par Jacques Chirac en février 2002 lors de son voyage à Alger ; le pacte se heurte depuis à l'impossibilité des deux parties de reconnaître les crimes de l'autre. La mémoire de la colonisation empêche de purger le passé. Il y a les harkis ! pas ceux que le FLN assassina tranquillement en dépit des accords d'Évian. Non, il s'agit des survivants ou de leurs descendants qui n'ont pas l'autorisation de se rendre en Algérie. Alger les considère comme des traîtres. Les dirigeants français souhaitent mollement qu'ils puissent retourner avec dignité dans leur pays d'origine. Le Conseil Constitutionnel a, pour plaire à Alger, abrogé dans le style politiquement correct du pouvoir les passages litigieux de l'article 4 de la loi définissant la présence coloniale qui décidément n'aurait servi à rien.

L'hospitalisation en décembre 2005 de Bouteflika au Val-de-Grâce a sauvé la face des négociations. Mais les temps sont venus et notre ministre des Affaires étrangères, étranger à l'Histoire, vient de rendre à son tour visite au Président algérien pour trouver une solution. L'entretien dura plus de deux heures. Bouteflika inventait de nouvelles conditions : la simplification des procédures de visas pour la France s'ajoutait à ce qu'il appelle l'approfondissement du travail de mémoire.

La France fut coupable. Elle doit payer !

Depuis des années, la propension au repentir des occidentaux trouve un terrain favorable dans ce qu'on appelle l'intelligentsia française. *Le Monde* en 2000 n'hésitait pas à présenter de prétendus témoins, morts du reste, et célébrait une femme indépendantiste torturée en 1957 sur consigne du général Bigeard. Bigeard n'était plus à Alger à ce moment-là, il commandait en Kabylie. Bouteflika, reçu à l'Assemblée Nationale, demanda à la France de faire repentance pour des crimes qu'il comparaît à la Shoah ! Cette lourde dette morale devait être payée selon lui… en espèces !

Le gouvernement et l'Assemblée déroulaient un tapis rouge de 234 mètres de long pour Bouteflika. Rouge comme le suppôt du communisme soviétique qu'il fut. Rouge comme le sang, celui des soldats français qu'il a tués, des pieds-noirs assassinés, des familles algériennes égorgées par le FLN pour montrer au peuple algérien que la protection française ne valait rien.

En 2000, le meurtre de l'évêque d'Oran, les cinq pères blancs égorgés et toujours des milliers de femmes et d'enfants assassinés dont le sang coule à gros bouillons. L'Algérie retourne à l'état de barbarie où nous l'avions trouvée en 1830. Les soldats de Charles X n'y découvrirent que les ruines des vieux empires et des nids de corsaires ; Alger en 1962 avait une fière allure sans comparaison avec cell,e d'aujourd'hui. À l'Assemblée, seule une poignée de députés Aubert, Goasguen et Villiers firent preuve de dignité en refusant les leçons d'un ancien terroriste du FLN, devenu tyran aujourd'hui dans un pays en guerre civile permanente.

Incapable de rétablir la paix, son armée massacre du mieux qu'elle peut pour être à égalité avec les islamistes. Et il ose exiger l'amélioration de la vie des Algériens en France, alors qu'ils émigrent chez nous à cause du socialisme d'État qu'il incarne et de la corruption dont il est complice, leur rendant la vie insupportable en Algérie.

Honte à ceux qui en France honorent un tel personnage. Honte à Douste Blazy, tout souriant auprès du tyran. Il n'a pas osé rappeler le caractère positif de la colonisation – caractère que la France semble effacer comme on efface un vulgaire CPE !

Pour tenter de se concilier les islamistes, le Président algérien leur offre la troisième mosquée du monde après celle de La Mecque et de Médine en Arabie Saoudite.

Autour d'un minaret de trois cents mètres de hauteur, divisée en dix étages, équipée d'un ascenseur ultrarapide, cinq branches de béton symbolisant les cinq piliers de l'Islam. Coût : un milliard d'euros à la charge de l'État avec un appoint de bienfaiteurs… Bouygues est sur les rangs, lui qui a déjà érigé la mosquée d'Hassan II à Casablanca.

Pas un Français, pas un journaliste, pas un historien pour rappeler que l'opération militaire décidée en 1830 devait mettre fin au règne des corsaires contrôlant la Méditerranée. Les pirates enlevaient des filles sur les côtes méditerranéennes de la Corse, de la France continentale et de l'Italie. Le coup d'éventail du Bey d'Alger à l'Ambassadeur de France, que nos professeurs évoquaient comme déclenchant les hostilités, était une image républicaine qui faisait sourire les élèves à l'époque où on leur enseignait encore l'Histoire. En vérité, les Français libérèrent les Arabes et les Kabyles du joug turc. Les Kabyles imaginaient d'ailleurs que les roumis allaient rouvrir les églises. Ils se souvenaient de la présence chrétienne. Saint Augustin et sa mère Sainte Monique restaient dans leur mémoire ! Il ne leur reste rien de tout cela aujourd'hui !

Mais peut-être devrait-on rappeler aux Algériens que les Français ont extirpé les épidémies et la mortalité infantile ! Cela mériterait sans doute que Monsieur Bouteflika nous dise merci, puisque lui-même vient se faire soigner à Paris dans un hôpital militaire ! Qu'a-t-il fait des hôpitaux où nous fûmes nous-même si longtemps soignés en Algérie, en Afrique du Nord avant, pendant et après la dernière guerre ?

On croit rêver lorsqu'on entend Monsieur Bouteflika demander une fois de plus à la France de faire son mea culpa. Que ce terroriste pitoyable, patient du « Val-de-Grâce », incapable de dire merci à ceux qui l'ont soigné, ose affirmer à la face du monde n'importe quoi ne surprend personne ; ce qui étonne, c'est que nul ne le remette jamais à sa place.

Pas un homme politique, pas un journaliste pour rappeler la non-existence d'une nation algérienne lors de l'arrivée de l'armée française venue libérer les Kabyles de la tyrannie turque.

La véritable histoire de la présence française n'est jamais rappelée. Pas un historien d'aujourd'hui pour s'y consacrer.

Le gouvernement français souhaite réaliser le vœu du chef de l'État de mettre en place un nouveau traité d'amitié franco-algérienne ! Pourquoi pas ? Mais il faut voir l'Algérie telle qu'elle est. Or, nul ne semble s'intéresser à la situation réelle de l'autre côté de la Méditerranée, ni aux raisons de la nouvelle vindicte de Monsieur Bouteflika contre la France.

La guerre civile effroyable qui déchire l'Algérie est comme ignorée à Paris. Le terrorisme islamiste désireux de détruire le FLN au pouvoir depuis les élections où le FIS (Front Islamiste du Salut) était majoritaire, et qui furent faussées avec la complicité française, n'a d'égal que le contre-terrorisme du pouvoir en place. Pour tenter de se maintenir lors des prochaines élections, puisqu'il n'avait pas réussi à les vaincre par la terreur, Monsieur Bouteflika entend démontrer qu'il lutte lui aussi contre les Français pour les obliger à avouer leur passé coupable.

Le massacre des populations civiles par le FIS entend par là démontrer l'impuissance du pouvoir, selon les méthodes du FLN tuant femmes et enfants pour prouver à l'époque que la France était incapable de protéger les populations. Jacques Soustelle a décrit cet aspect de la guerre d'Algérie dans tous ses détails dans sa remarquable étude *Aimée et souffrante Algérie*.

Massacres et représailles firent mieux ces dernières années à un point tel que les mères algériennes poussent leurs fils à partir se réfugier en France. Mais ce qui se passe en Algérie, tout le monde s'en fiche ; de toute façon, c'est la faute à la France, ce qu'elle-même ne conteste pas !

Le FIS de son côté poursuit et développe son action terroriste, affichant un mépris total pour Bouteflika et ses complices ; qui donc à Paris ou ailleurs ose décrire l'Algérie telle qu'elle est et les souffrances de son peuple entre les mains d'un pouvoir impuissant, préoccupé seulement pour arrêter la guerre civile de rallier les islamistes ? Pour y parvenir, il est anti-français et démontre dans sa propagande que la France est responsable de tous les maux des Algériens en Algérie et qu'en outre elle les maltraite chez elle.

Comment la jeunesse algérienne, en France et là-bas, connaîtrait-elle la réalité ? Elle ignore l'Histoire et nous ne faisons rien pour qu'elle la connaisse ! Comment les jeunes maghrébins, nés chez nous, français par la loi du sol, entendant décrire sans cesse la vie odieuse à laquelle nous soumettions leurs parents, la façon dont nous utilisions la torture, comment ne ressentiraient-ils pas contre nous un besoin instinctif de se venger des anciens occupants de leur pays d'où est venu tout le mal ! La propagande du FIS trouve en eux un terrain favorable et le pouvoir algérien confirme toutes ces accusations contre lesquelles la France se défend mollement.

Il y a quelques semaines fut célébré le dixième anniversaire de l'assassinat de sept moines trappistes à Tiberine à côté d'Alger. L'hommage rendu dans la basilique Notre-Dame d'Afrique fut discret sur place et presque ignoré à Paris. Monseigneur Tessier, en même temps qu'il évoquait la mort et le sacrifice tragique des moines, célébra la mémoire de Monseigneur Duval son prédécesseur, connu, il le rappela, pour son engagement contre la répression (la nôtre) et la torture (la nôtre) pendant la guerre d'Algérie. Pas un mot sur les crimes qui provoquaient justement la répression. Quant aux moines assassinés, apôtres d'une religion d'amour et de paix, leurs meurtriers courent toujours et tout le monde s'en moque ! Tout cela valut un entrefilet dans les médias français. C'eût été l'occasion de remettre les esprits en place, d'évoquer les massacres des harkis égorgés ouvertement à leur retour en Algérie, retour souhaité, prévu et approuvé par les signataires algériens des accords d'Évian. La presse française n'a rien écrit. À Alger, les raisons de la prudence de Monseigneur Tessier peuvent se comprendre ; il a peur des représailles, mais à Paris, c'était l'occasion de répondre. Nul plus que ceux qui comme moi ont connu et aimé l'Algérie ne souhaitent davantage une réconciliation véritable ; mais elle n'est possible que dans la dignité des deux parties. Les peuples d'Europe qui se sont tant battus ne passent plus leur temps à rappeler les excès des uns et des autres dans toutes les guerres qui les ont opposés ; Allemands et Français n'en sont pas encore à fraterniser et à aimer d'un même cœur l'Europe des technocrates de Bruxelles. Mais, loin dans leur souvenir, ils devinent les liens entre eux, ceux des cathédrales bâties au nom d'une même religion des deux côtés du Rhin. Il n'est nul besoin d'en parler mais dans la mémoire collective inconsciente sont ressenties ce que furent les origines chrétiennes communes. Ce n'est pas un hasard qui fait que les jeunes européens se retrouvent autour de ceux qui les évoquent. L'extraordinaire séduction de Jean-Paul II trouvait là le terrain de son épanouissement. Son successeur est allemand ! C'est un signe de la Providence pour ceux qui réfléchissent. C'est aussi un rappel inconscient pour les autres. Comme il serait plaisant d'évoquer Saint Augustin pour réveiller des souvenirs qui sommeillent peut-être encore quelque part dans le Maghreb. Contentons-nous de rappeler, français et algériens, ce qui a nous unit parfois au cours de l'Histoire. Souvenons-nous de l'Algérie que la France a construite avec les peuples kabyles et arabes, une Algérie qui était prospère, qui retrouvera son destin à la condition que la France elle-même, consciente de son rôle, engage l'avenir les yeux ouverts et fière de son passé. Mais c'est justement là son problème !

Chapitre V

DES ORIGINES CHRÉTIENNES DE LA FRANCE

L'indifférence de l'évêché de Créteil sur l'avenir de Notre-Dame des Missions me déconcertait. Je venais d'être élu maire de Charenton et notre école posait un problème déconcertant. La sœur supérieure, dévouée s'il en est, avait choisi pour les modifications de son établissement un jeune apprenti architecte gauchiste que le sort avait un jour mis sur son chemin. Il professait que les règles de sécurité étaient un phantasme bourgeois et n'en tenait aucun compte dans les travaux, coûteux du reste, réalisés sur ses instructions.

Le représentant de la Préfecture me fit observer que je ne pouvais autoriser dans ces conditions l'ouverture de l'école.

Je passai outre : la providence envoya un prêtre, le père Picaud, pour remplacer la sœur directrice atteinte par la limite d'âge.

Le père Picaud et moi entreprîmes une œuvre, lui au service sans aucun doute de Dieu, moi préoccupé surtout de ce que ferait la commune des quelques centaines d'écoliers mis à la rue si Notre-Dame des Missions disparaissait. Les écoles de la ville étaient bien incapables de les accueillir.

Je ne sais plus trop comment nous assurâmes le financement des travaux, subventions publiques et privées, mais nous transformâmes l'école primaire avec le temps en une école allant jusqu'au baccalauréat.

J'avais découvert que l'État ne subventionnait que les classes existantes ; chaque année la ville prit donc à sa charge une classe nouvelle ; entrant l'année suivante dans le cadre des contrats avec l'État !

Notre-Dame des Missions devint une école privée sous contrat, exemplaire, citée dans toute l'Ile-de-France !

Les élus socialistes des communes voisines y inscrivaient leurs enfants pour qu'ils échappent aux débordements de l'enseignement public à l'abandon.

Le temps passant, j'étais redevenu député. Mes relations avec l'évêque Monseigneur de Provenchère étaient au beau fixe ; j'obtins que, pour la première fois, il vînt visiter Notre-Dame des Missions, célèbre, je le répète, dans le département. Jean-Paul II, élu depuis deux ou trois ans, donnait au catholicisme un éclat inattendu. L'évoquant, je parlai du miracle de son accession au trône de Pierre.

L'évêque en souriant observa : « Monsieur le Maire, pas de papolatrie, pas de miracle ».

Je me souviens lui avoir répondu : « Je suis un médiocre chrétien, Monseigneur, bien peu de chose auprès de vous, mais, lorsque j'assiste à la disparition d'un pape, à l'élection d'un successeur inattendu relativement jeune et qui meurt à peine choisi, lorsque je constate qu'un ensemble de vieux messieurs réunis en conclave désignent un évêque polonais pour la première fois dans l'Histoire de l'Église, que ce nouveau révèle des qualités fascinant le monde, je ne peux m'empêcher de ne trouver d'autre explication que l'intervention de la Providence. »

Monseigneur de Provenchère voulut bien sourire avec bienveillance. Notre entourage, celui de la mairie et celui de l'école, souriait aussi avec ironie. J'avais, à mon tour, gagné des voix !

L'indifférence de l'Église française à l'égard de l'enseignement privé explique les dégradations du catholicisme en France. Je me souviens d'un spectacle au Théâtre de ma commune – le père Picaud à mes côtés applaudissait les enfants de son école qui présentaient une des scènes du répertoire avec une certaine aisance. À l'entracte, un garçon d'une dizaine d'années nous salua en passant avec sa mère, une charmante bourgeoise. Le prêtre me fit remarquer : « C'est un des jeunes que j'ai baptisés devant vous dimanche dernier ». « Pourquoi ne l'était-il pas ? » lui demandai-je ? « Sa mère n'y avait pas pensé ». Aujourd'hui en France, il n'y a plus que cinquante pour cent des enfants à être baptisés contre quatre-vingt-dix pour cent il y a une quinzaine d'années ! Ceux qui ont trente ans aujourd'hui n'ont jamais reçu une formation en catéchisme digne de ce nom. Ils ignorent les vérités de la foi chrétienne. Qu'importe, dit-on, puisque leur est tenu un discours sur la morale, mais sans évoquer la nature de l'obligation et sans en prévoir la sanction ! Comment s'étonner que devenus adultes ils oublient de faire baptiser leurs enfants !

J'avais pressenti l'extraordinaire fascination que Jean-Paul II allait exercer sur une partie de la jeunesse. Avant son premier voyage à Paris, le ministre de l'Intérieur, mon ami Christian Bonnet, m'avait demandé de lui faire rencontrer Frossart dont il savait les liens qui l'unissaient à Jean-Paul II. La rencontre eut lieu chez moi. Bonnet était un démocrate-chrétien très profondément catholique. De nous trois, j'étais certes le moins croyant et le seul pourtant qui annonçait l'accueil triomphal du pape lors de ce voyage. J'en avais l'intuition ! À sa mort, des centaines de milliers de jeunes accompagnèrent Jean-Paul II dans son dernier voyage, comme ils l'avaient fait de son vivant lors des Journées Mondiales de la Jeunesse.

J'ai entendu citer avec émotion un de ses derniers mots, murmuré la veille de sa disparition : « Je vous ai cherchés, maintenant vous êtes venus à moi et je vous en remercie » !

Il y a une sorte de mystère que j'avais pressenti dans cette façon dont une jeunesse découvrait la foi au contact de Jean-Paul II.

Mais la présence charismatique et médiatique de Jean-Paul II n'a pas masqué la crise qui mine l'Église catholique en Europe où se manifeste avec virulence un véritable anti-christianisme.

Jean Paul II a donné à l'extérieur une image forte de l'Église qui masquait son réel délabrement ; ce que Paul VI appelait son autodestruction.

L'élection de Benoît XVI fut un réconfort pour ceux qui connaissaient ses convictions et son rôle auprès de son prédécesseur. En France, la réaction des adversaires de l'Église témoigne de leur surprise et de leur déception. Un pape rigoureux élu sans les multiples tours de scrutin si décevants dans le passé ! Monseigneur Gaillot n'a pas caché sa tristesse et le *Figaro* titrait « l'accueil plutôt tiède de l'Église de France ».

Par tempérament, j'ai toujours été plutôt gallican. Mais lorsque je considère l'attitude de l'Église de France depuis 1940, je suis guéri de mon gallicanisme. Elle fut vichyste dans son ensemble et depuis le concile de Vatican II elle collabore à nouveau avec l'esprit du temps. Le conservatisme prêté à tort ou à raison au nouveau pape est pour elle le péché du siècle. Le mal français s'est épanoui à cette occasion.

De quoi se mêlent-ils, tous ceux qui jugent sans jamais mettre les pieds dans une église ; ils ne sont pour la plupart ni pratiquants, ni croyants. J'ai tendance à leur demander de se taire au lieu de tenter de donner une leçon au pape et aux cardinaux qui l'ont élu. Je ne les ai jamais entendus prononcer la même critique de l'évolution de la pensée islamiste ! Or notre pays ne retrouvera ses racines que lorsqu'il se souviendra qu'il est celui des cathédrales. Sa seule chance de survie est de retrouver ses origines, seul chemin pour redonner la force aux Français de résister aux islamismes !

Les artisans de la destruction de la France sont toujours à l'œuvre au nom de je ne sais quel trotskisme ; ils savent qu'une des méthodes les plus efficaces est de la couper de son passé ; ce passé chrétien seul ciment réel de l'Europe. Ils savent qu'il faut éviter à tout prix ce pèlerinage aux sources, d'où le refus de faire figurer l'origine chrétienne de l'Europe dans le projet de Constitution qu'ils ont obtenu de la bassesse munichoise générale. Jean-Paul II rappelait que l'Europe existe : « Elle a une histoire, des valeurs, une âme » ! La renaissance de l'Europe chrétienne est la condition de son unité, et non le recours à une technocratie autoritaire et aveugle. Depuis plusieurs mois, constatait Jean-Paul II, au sein des institutions européennes nous assistons à une intensification des attaques antireligieuses diffusant une image caricaturale de la spiritualité et une conception militante et exclusive de la laïcité ! L'objectif est de disqualifier l'héritage religieux au profit d'une « conception » matérialiste, relativiste et athée de la société. Et Jean-Paul II d'ajouter : « On ne peut oublier que c'est la négation de Dieu et de ses commandements qui ont créé au siècle passé la tyrannie des idoles exprimée par la glorification d'une race, d'une classe, d'un parti, de l'État » !

Le même mécanisme pervers est en place : conscients ou non, ceux qui s'évertuent à détruire le catholicisme ouvrent, comme au siècle dernier, la porte à la tyrannie de l'Islam. L'hommage unanime en France comme à l'étranger à l'occasion de la disparition de Jean-Paul II est sincère lorsqu'il exprime par la foi la passion sur la place Saint-Pierre, et s'apparente à la farce lorsque Fidel Castro déclare un deuil national alors qu'il persécute chez lui les prêtres catholiques. L'adjoint au Maire de Paris, Yves Contassot, est plus naïf encore lorsqu'il juge complètement déplacée la mise en berne du drapeau français pour la mort du pape Jean-Paul II ! Jean-Luc Mélanchon, sénateur socialiste de l'Essonne se joint à lui pour juger inopportun un hommage qui ne concerne que les chrétiens ! Il oublie, car il ne sait rien du Droit Constitutionnel ou de l'Histoire, que le Vatican est un État et qu'il est courant que la mort d'un chef d'État implique que les drapeaux soient mis en berne. Mais l'effort des gauchistes pour effacer le passé ne se relâche jamais.

Il est à souhaiter que le nouveau pape redonnera aux membres du clergé français conscience des risques que leur aveuglement fait courir à notre pays. N'ont-ils pas été jusqu'à affirmer que le projet de constitution européenne était un progrès significatif et que l'abandon d'une référence aux origines chrétiennes de l'Europe n'était que secondaire ! Il semble qu'en dépit de leur tradition de gallicanisme les catholiques français aient écouté comme moi davantage le pape que leurs évêques.

En votant non, sans doute ont-ils retrouvé un peu de leur âme.

Chapitre VI

LA FAILLITE DE L'ÉDUCATION NATIONALE : LES RÉVOLUTIONNAIRES DU STATU QUO

(Claude Allègre)

Un chrétien a été tué hier par un assaillant armé d'un couteau dans une église d'Alexandrie. Cinq autres personnes ont été blessées. Des agressions similaires et presque simultanées faisant dix-sept blessés ont été commises dans quatre autres églises en Égypte. Les Coptes, cibles ce ces attaques, représentent une importante minorité en Égypte et la plus forte communauté chrétienne du Proche-Orient. Les Coptes sont les descendants des anciens égyptiens restés fidèles au christianisme après la conquête musulmane.

Des chrétiens agressés dans cinq églises, cela mérite un entrefilet dans la presse parisienne. Dix pour cent d'Égyptiens sont pourtant coptes, et puis après ? Inutile de se préoccuper de leur sort ; sans doute serait-ce celui des chrétiens en Europe, dans le monde musulman de demain. On verra bien !

Le premier avril 1998, j'imaginais dans le Figaro un martien (j'avais d'abord pensé décrire un persan, mais « Les Lettres

Persanes » ce serait trop cavalier de nos jours), un martien donc débarquant en France et croyant assister à des canulars en ouvrant un journal. Le martien apprenait qu'un premier avril à Orléans, deux frères de quatorze ans avaient été interpellés pour avoir agressé leurs enseignants. Qu'à Bagneux, seize élèves avaient été fouillés au corps par des policiers parce qu'ils s'apprêtaient à cambrioler une salle d'informatique et de vidéo. Qu'à Paris avaient défilé des établissements de Seine-Saint-Denis pour la cinquième fois en trois semaines. Notre martien découvrait qu'à Tourcoing c'était le drame : dans le cartable d'Hassan, des livres, des stylos, des cahiers, mais aussi deux boîtes de balles et un pistolet. Le lycéen manipule l'arme et la présente à son ami Foued qui tire. La balle traverse le cerveau d'Hassan qui s'écroule.

On prévient le martien qu'il ne s'agit pas d'un poisson d'avril. Le lendemain, le 2 avril, à Goussainville au Lycée Romain Rolland une cinquantaine d'élèves se livre à des batailles rangées, bombes lacrymogènes, barres de fer, haches…

Le 3, à Marseille, une lycéenne sort un 7.65 mm en classe, tandis qu'à Tremblay en France la descente d'une horde de deux cents voyous fournit un lot de faits divers.

Ces problèmes, dans des villes calmes, évoquent l'Intifada qui se développe maintenant dans les banlieues… conséquences des démissions et des lâchetés que décrit un livre paru à l'époque il y a déjà près de dix ans d'un professeur, Lucienne Lurçat : « La destruction de l'école élémentaire et ses penseurs ».

On parcourt ce livre et puis on passe à autre chose. Jules Ferry est mort. Son école aussi.

Notre martien n'est pas au bout de ses surprises. Il se prélassait avec curiosité dans un gros bourg de la France profonde ; au cœur de la petite Camargue, à Vauvert. C'était la fin du mois de mai. Deux communautés s'observaient depuis des mois en état, selon le colonel de Gendarmerie, « de psychose mutuelle ». Et un soir à la veille du week-end, cinquante voyous prirent d'assaut un bar. Ils entendaient donner une leçon au cafetier. Il est tabassé, hospitalisé. Un voisin excédé sort un fusil et blesse six des casseurs. Le samedi, tout est prêt pour un grand affrontement. Un certain Mounir, déjà condamné à sept mois de prison pour l'incendie d'une voiture, s'attaque à un autre véhicule. Mais nous ne sommes pas en banlieue parisienne terrorisée. Le propriétaire sort un fusil et tue l'agresseur. Alors, la horde casse tout, dévaste le village, incendie toutes les devantures.

Cela vaut trois lignes dans *L'Humanité*, un petit encart dans *Libération*. Et pourtant Vauvert n'est pas une « cité » ; mais un exemple à méditer. La population d'origine a simplement eu tout à coup la volonté de ne plus subir. Un des meneurs, Labiad, violent récidiviste, condamné déjà pour avoir battu une femme de gendarme, agresse un policier municipal. Le substitut l'avait remis en liberté et il se promenait dans les bars de la ville en disant à qui voulait l'entendre qu'on pouvait sans danger « casser du poulet ».

La maladie aiguë s'est emparée de la Seine-Saint-Denis, mais les beaux quartiers vivaient en paix. Bourgeois de droite et gauche « caviar » cohabitaient tranquillement dans le septième arrondissement. Les mésaventures de banlieue n'ayant pas incité les pouvoirs publics à sortir de son linceul la loi « Sécurité et Liberté » d'Alain Peyrefitte, un des esprits les plus brillants de notre époque, qui avait compris qu'il n'y avait pas de liberté sans sécurité. La gauche qualifia, par la bouche de Lionel Jospin, sa loi de projet en forme de matraque ! Ne leur en déplaise, l'application de cette loi, qu'ils effacèrent, eût évité la violence qui déferle aujourd'hui jusqu'à surprendre notre martien en visite à l'Ambassade d'Autriche sur l'Esplanade des Invalides. Il pourrait relire avec nous les livres d'Alain Peyrefitte appelant à substituer l'énergie à la résignation, l'invention à la routine. Je médite, à mon tour, une adresse d'Alain Peyrefitte à ses lecteurs : « Mettez tout en œuvre pour restaurer la sécurité et la liberté afin de restaurer les chemins de la confiance ».

Parlez, écrivez, agissez !

Au fond, il me donne quelque raison d'écrire… loin de mes déceptions.

Jospin, qui avait retenu quelques souvenirs de son passage comme ministre à l'Éducation nationale, avait pris comme ministre à son tour « un copain de quarante ans », Claude Allègre. Celui-ci, fort de l'amitié du premier ministre et du courage qu'il lui prêtait, prit les mesures de bon sens qui s'imposaient pour mettre le « mammouth » à la raison. Les enseignants devinrent fous, en tout cas hystériques. Les manifestations contre les projets d'Allègre lancèrent les pires injures. Allègre, cérébral killer, le cornac fou responsable de tous les maux de l'Éducation nationale, ils le traitaient de « fils de Thatcher ». Les enseignants voyant un ministre qui risquait d'être efficace : il fallait qu'il parte ! Jospin lui dit adieu et rappela le roi de la paillette : Jack Lang ! Allègre voulait dégraisser le « mammouth » en commençant par mettre au travail les enseignants absentéistes. Ce n'était pas sot. Quelques hommes à droite l'approuvaient, les syndicats eux mobilisaient contre cette réforme. Allègre, chassé, « remercié », règle des comptes. Sous la pression démagogique, l'Éducation nationale a recruté n'importe qui, écrit-il. « Regardez ceux qui défilent, même certains ont des litrons à la main ».

Peut-on moderniser, réformer en profondeur un pays qui s'appuie sur des services publics étatiques et centralisés ? demande Allègre. Surtout, ajoute-t-il, avec des syndicats composés de révolutionnaires du « statu quo », experts dans l'agitation de blocage par la rue. Ce sont les propos d'Allègre du printemps 2000 ! Ces syndicats, précise-t-il, ne savent que réclamer plus de moyens, plus d'argent, plus de personnels.

Or la solution n'est pas là !

En dix ans, le budget de l'Éducation nationale a augmenté de dix millions, alors que le nombre d'élèves décroissait de quatre cent mille ! Pour aucun progrès, puis vint cette révélation, qui, si elle venait d'un autre que d'Allègre le ferait traiter de Front National. Dans les lycées et collèges, il y a une moyenne d'un enseignant pour douze élèves et pourtant, il y a des classes à trente-cinq. Quel aveu, ou quelle mise en accusation !

Il n'en reste pas là du reste : « le service public » est organisé pour eux-mêmes à commencer pour leur emploi du temps et les vacances ! Toute réforme passe par la décentralisation !

Un tel jugement, sur les chemins nécessaires de la remise en ordre de l'Éducation nationale, présenté par un socialiste, jugement rejoignant les propositions lucides du programme RPR/UDF avant les législatives, témoigne du mal irrémédiable – c'est-à-dire sans remède – dont souffre la France. Les hommes politiques, comme les Français moyens, savent ce qu'il faudrait faire. Mais, au pouvoir, à quelque parti qu'ils appartiennent, ils restent passifs ! L'incapacité d'agir, la peur de la rue ; qu'on ne prétende pas que Lionel Jospin ne comprenait pas les solutions proposées par son ami le ministre qu'il avait choisi pour sa lucidité et son courage. Mais la peur de la rue le fit reculer.

Les fonctionnaires qui manifestent avec le plus de constance ce sont toujours les enseignants. Pas tous, n'oublions pas ceux qui comprenaient Allègre et qui, quelques années plus tard, étaient d'accord avec Luc Ferry. Mais leur voix est étouffée par leurs collègues rencontrant eux, l'appui et la compréhension des médias qui demandent, au nom du bien-être des enfants, « des crédits, des crédits, toujours des crédits ». Ils obtiennent satisfaction ! Mais le résultat est un échec total que la Cour des Comptes dénonce avec une formule qui frappe : Plus d'argent, moins de résultats ! Le budget de l'Éducation nationale – vingt-trois pour cent du budget national – a augmenté d'un quart pendant ces vingt dernières années. Le nombre d'enfants diminuait de cinq cent cinquante mille. Les résultats sont là, constatés par Allègre, comme par Ferry, les décisions arbitraires ne font même plus illusion. De quinze à vingt pour cent des élèves qui arrivent en sixième ne maîtrisent même pas l'écrit. Le mythe du baccalauréat pour tous a eu pour conséquence que cinquante pour cent d'entre eux échouent dès la première année d'université.

À son tour, Luc Ferry a tenté de réagir. Choisi parce que d'origine politique plutôt de gauche, certains imaginaient qu'il serait suivi par les enseignants, peut-être sensibles à sa personne. Il n'en fut rien, naturellement. Son nom lui-même ne trompait pas. Il est vrai que Jules Ferry est mort, comme est morte son œuvre ; aujourd'hui, il serait sans doute considéré comme un extrémiste de droite.

Chapitre VII

14 ANS DE PRÉSIDENCE MITTERRAND : LA DETTE AUGMENTE DE 547 MILLIARDS (FRANCS)

Mon persan, venu de Mars, de retour chez lui, décrivait, à qui voulait l'entendre, sa stupeur de constater le silence de la Presse française n'accordant aucun écho aux solutions proposées par Philippe de Villiers devant la révolte des banlieues en novembre 2005. Évoquant une guerre ethnique, voire religieuse, le député de Vendée proposait les mesures exigées par ces prémices de guerre civile auxquels on assistait, mesures qu'aurait prises tout État normalement constitué pour faire face à de tels débordements. L'état d'urgence fut conçu par le général de Gaulle pour répondre à ces excès dans les rues. Il est vrai que les Français furent sensibles aux propos du chef de l'État, Monsieur Chirac, qui constatait « l'escalade de l'irrespect menant à une situation dangereuse, et souhaitait qu'un dialogue s'engage avant que les choses tournent encore plus mal ». Mais ses auditeurs ne comprenaient pas avec quel interlocuteur le dialogue devait s'engager ! Le dialogue, disait le Président, c'est-à-dire une action immédiate sur le terrain. Et le Premier

Ministre d'annoncer de son côté la mise sur pied d'un nouveau plan banlieue à établir ! Si l'on comprend ce que parler veut dire, une négociation devait s'engager avec les responsables des émeutes. Mais qui sont les chefs des émeutiers ? Les connaît-on en haut lieu ? La police, en tout cas, elle, les connaît. Ce sont les frères musulmans au cœur des émeutes comme ils sont au cœur des cités. Le journal *Le Monde* les décrivit « appelant leurs frères à rester tranquilles ». Commentaire dudit journal : les CRS approuvaient cette intervention !

Ces éventuels interlocuteurs, à l'autorité manifeste, ce sont d'abord les représentants de la communauté musulmane. Il y a aussi, parfois ce sont les mêmes, les patrons de tous les trafics de drogue. Certains maires de communes riveraines de Paris, à grosse communauté africaine, restées curieusement calmes, confiaient avoir eu recours à des concertations avec les tenants de la drogue pour éviter le pire.

La mise en place d'une structure pour représenter l'Islam répondait à l'exigence du chef de l'État. Cet organisme est, hélas, tombé après les élections sous la coupe des ultras. On ne l'a pas beaucoup entendu pendant les semaines difficiles de novembre 2005. La seule représentation efficace fut celle des frères de la drogue !

Passe encore qu'un Maire se résigne à traiter avec ces gens-là, mais des préfets ! Lorsqu'il régnait au Ministère de l'Intérieur, Monsieur de Villepin affirmait : « La République ne cédera jamais ». Pauvre République qui a besoin de trois années pour instruire le procès de l'auteur du massacre d'une jeune fille, brûlée vive par un voyou. Voyou qui, lorsqu'il sera enfin jugé, bénéficiera d'une sorte de compréhension dans la presse. L'opinion publique, dans cette affaire, fut une fois de plus trahie par les médias. Dans la rue, comme dans les dîners en ville, on entendait répéter : « Il faut rétablir la peine de mort ! » qui fut supprimée par le Parlement, en douce, l'État se refusant, comme sur tous les sujets de société, à consulter le peuple par référendum. Nous bénéficierons donc d'un nouveau plan de banlieue, le énième. Depuis un quart de siècle, nous en avons eu un grand nombre conçus par la gauche comme par la droite se résumant à des milliards déversés sur les pauvres banlieues. Le traitement social de la délinquance n'a abouti jusqu'ici qu'à la renforcer. Considérer les voyous comme des victimes est un refrain dont tous les habitants desdites banlieues, ceux qui travaillent, sont las de l'entendre comme ils sont las de voir à côté d'eux vivre ceux qui préfèrent la délinquance qui paie, il est vrai, mieux qu'un travail impliquant de se lever tôt, comme il faut se lever tôt pour aller à l'école le matin. L'hebdomadaire *Le Point* a publié les confidences d'un caïd : « La seule chose qui compte, c'est la tune, le sexe et la loi du plus fort ! ».

Comment laisser paraître dans un grand hebdomadaire de tels propos sans réagir. Soit l'auteur de l'article écrit n'importe quoi, qu'il soit donc sanctionné, soit sa description est exacte et il est impossible de ne pas sévir ! Sans partager tous les jugements de Monsieur Sarkozy, il est impossible de ne pas l'approuver lorsqu'il déclare : « Quand on tire à balle réelle sur la police, on n'est pas un jeune, on est un voyou et on doit être puni à la hauteur de son crime ». Notre accord est acquis en dépit de la condamnation de ce propos par Monsieur Azouz Begag, étrange délégué à la promotion de l'égalité des chances.

Et puis, fin novembre, la police a annoncé brusquement le retour à la normale partout en France. Il est vrai que les guérilleros étaient rentrés chez eux. Retour à la normale : quatre-vingt-dix-huit véhicules ont été incendiés, c'est la moyenne habituelle la nuit en France, a précisé la Direction Générale de la Police.

La France est sortie de la crise !

Une fois encore, certains vont oser constater le mal dans l'indifférence des pouvoirs publics, analyser ses causes, parfois même proposer des solutions ; ce fut le cas de Bernard Acoyer,

Président du groupe UMP à l'Assemblée, qui n'hésite pas (il faut du courage pour souligner des évidences) à dire que : « Nous nous sommes montrés extrêmement laxistes. La polygamie est une des causes des émeutes. Parmi les mineurs impliqués, il y a une surreprésentation des familles polygames. » Faisant écho au député, le *Figaro* cite une famille de soixante-cinq membres dont le père, averti par un travailleur social de l'accident d'un de ses enfants, ne voyait pas duquel il pouvait s'agir. Il y a en France huit à quinze mille familles polygames. Il faudrait les expulser, mais ces enfants sont français, et leurs parents, issus du regroupement familial, ne peuvent pas être expulsés eux non plus ! La loi s'y oppose, les protestations n'y peuvent rien. Bigamie et polygamie ne sont qu'un aspect du problème. Réprimées par la Loi, elles n'empêchent pas de bénéficier de toutes les allocations dont l'État est prolixe. Il n'y a rien à faire qu'à pleurer si on a encore des larmes, comme la famille de la jeune fille brûlée vive !

Tout le mal ne vient pas naturellement de la polygamie. Il y a longtemps, dans les années quatre-vingt, Alain Savary décidait de donner plus à ceux qui ont moins. Il mit en place les zones d'éducation prioritaire au bilan coûteux, mais qu'importait puisque le mal serait extirpé de ces « zones défavorisées ». 1981 – 2005, en dépit d'établissements scolaires bénéficiant d'enseignants plus nombreux (touchant une prime annuelle) pour faire face à plus d'heures de cours, le nombre de ces zones a doublé. La Cour des Comptes constate que cet effort représente cinq pour cent du budget de l'enseignement – un million sept cent mille élèves sont concernés.

Bravo ! Le bilan ? Les émeutes de novembre 2005.

Vingt-cinq années perdues. Nul n'imagine pourtant une autre méthode pour perdre encore du temps ; « concentrons l'effort sur les écoles les plus fragiles », propose le ministre Robien. Proposition qui fait rire Sarkozy. Rions avec lui. Là où on met cent, on va mettre mille. Écoutons plutôt la Cour des

Comptes qui souligne que les enseignants ne se plaignent pas du manque de moyens, mais de ne pas être accompagnés, assez formés et du manque de coordination avec les autres structures.

Mais le gouvernement n'a pas plus la force de chercher d'autres solutions que de verser en subvention l'argent qu'il n'a pas !

Car la dette publique de la France, gigantesque, ne cesse de s'accroître, financée par des emprunts destinés à régler les dépenses courantes et à financer les intérêts des emprunts précédents. La France reste en effet aux yeux de l'étranger un pays solvable. L'étranger comprend notre déficit, la Chine ne cache pas qu'il lui plaît d'investir en France, investir ? C'est-à-dire prêter de l'argent.

Cette étrange situation, cette dette colossale s'est mise en marche en 1981 avec l'arrivée du pouvoir socialiste. De 1981 à 2002, la France leur doit le recrutement de trois cent mille fonctionnaires : la retraite à soixante ans et les trente-cinq heures de Jospin - Aubry n'y sont pas étrangers. En quatorze ans de présidence Mitterrand, la dette s'est accrue de cinq cent quarante-sept milliards, augmentation de cinq cents pour cent ! Chirac a tenté d'en faire autant, mais sous son règne la dette n'a, jusqu'ici, augmenté que de soixante-deux pour cent. Que de « ! » La preuve est faite que s'il le veut, le gouvernement peut encore distribuer de l'argent sur les banlieues ! Jamais du reste, lorsqu'elle arrive au pouvoir, la droite, soucieuse de rester molle, ne fait le point sur la situation laissée par ses prédécesseurs de gauche ! Nul n'a jamais informé les Français de ce qu'ont coûté les privatisations des années Mitterrand ! Qui a jamais rappelé la dure réalité résultant des tragiques illusions d'avant et après les victoires de la gauche ! Qui souligna, pour s'en moquer, les propos de Monsieur Mauroy, chef du gouvernement en 1981, affirmant à l'Assemblée Nationale que les nationalisations donneraient à la France un surcroît de dynamisme, de créations d'emploi, de modernisation et le rayonnement de notre industrie ! Nul n'a jamais montré aux Français à quel point on leur avait menti ! Et pourtant, Jospin a gouverné pendant des années rendues fastes par la conjoncture internationale. La croissance était florissante, les caisses de l'État pleines !

La presse faisait sienne la question dont on se souvient « Que faire de la cagnotte de Bercy ? » c'est-à-dire des excédents d'impôts !

Les fruits de la croissance ont servi à multiplier les fonctionnaires !

Jean-Pierre Raffarin n'a pas, à son arrivée comme nouveau Premier Ministre, comme c'était son devoir, dénoncé l'héritage empoisonné de son prédécesseur. Il n'a jamais démontré aux fonctionnaires que la réforme de leur retraite eût été moins pénible si les décisions avaient été prises par Jospin, portées par la croissance américaine !

Raffarin dans son livre *La France de Mai* explique qu'il a fui la polémique, les règlements de compte, voulant « rassembler les Français et non les opposer ».

On croit rêver car le bilan économique de Jospin fut établi. Catastrophique, il fut enterré dans les tiroirs du Chef de l'État et de son Premier Ministre. Entendrait-on l'opposition de gauche dire « merci » et renvoyer l'ascenseur ?

Chapitre VIII

LE CHOIX DES PEUPLES

Pour comprendre comment la France en est arrivée là où elle en est aujourd'hui, j'ai feuilleté mes éditoriaux du *Figaro Magazine*, parus pendant vingt ans. Ce qui me frappe, c'est que le tournant prodigieux pris par le monde dans les années quatre-vingt coïncide avec l'arrivée au pouvoir en France de François Mitterrand et d'un gouvernement de gauche à participation des communistes.

La France joue à contre-emploi ; à la même époque, la Grande-Bretagne, appelée longtemps l'homme malade de l'Europe, avec la succession à sa tête d'aristocrates conservateurs timorés ou de travaillistes sans envergure, élit Margareth Thatcher, les États-Unis, déconsidérés sous Carter, se donnent Reagan comme président ! L'Allemagne choisit Kohl ! Pour reprendre la vieille théorique de la philosophie aristotélicienne, ces choix impliquaient le retour de l'hégémonie américaine et la réunification de l'Allemagne !

François Ceyrac, alors président du CNPF, avait défini l'élection de François Mitterrand comme un écho assourdi de mai 1968, ce qui s'appliquera encore mieux à l'arrivée de Michel Rocard à Matignon. Un Michel Rocard, coupé de ses vingt-cinq années de socialisme autogestionnaire à la Tito, rescapé des combats tiers-mondistes, tournant le dos à sa jeunesse PSU, désireux d'apparaître comme l'apôtre de la réconciliation avec le marché.

La droite ayant admis la cohabitation, contrairement à ses engagements formels pendant la campagne électorale, n'obligea pas le président à démissionner et donna dès lors l'impression de jouer contre son camp.

Jacques Chirac montrait le mauvais exemple. On attendait de lui le grand refus. Il joua la grande acceptation. La nouvelle majorité, forte d'un programme cohérent, tenta un cours instant de l'appliquer. La réforme universitaire en était un pilier. Les manifestations de lycéens marquées par la mort du jeune Malek Oussekine, savamment utilisée par la gauche, entraîna la reculade générale de la pseudo-droite au pouvoir : plus de réformes et abandon de la remise en cause du Code de la Nationalité, une des rares promesses de la droite dans l'opposition qui répondait au sentiment national.

Un crack boursier remisa la poursuite des privatisations pourtant réussies : le gouvernement renonçait au passage en force, condition du succès d'une action gouvernementale efficace façon Thatcher ou Reagan. Cette attitude consiste à mettre en œuvre la politique pour laquelle on a été élu sans craindre les sondages provisoires, ni les commentaires malveillants d'une poignée de journalistes s'arrogeant le droit d'affirmer haut et fort ce qui est bon et ce qui ne l'est pas. Ce comportement à risques, en apparence, finit toujours par retrouver l'opinion qui constate avec satisfaction que le gouvernement fait ce qu'il a promis.

Jacques Chirac négligea ce principe ! et sa majorité, élue en 86, fut punie et surprise par la réélection de François

Mitterrand, miraculé en apparence. Le miracle bégayait... La droite molle, soucieuse de ne pas se compromettre avec le Front National, refusa dans un certain nombre de circonscription, l'alliance facile qui eût assuré son succès. Mitterrand avait pourtant donné l'exemple et réussi une politique de « compréhension » avec les communistes et grâce à elle l'avait emporté.

Chirac et les siens s'obstinèrent à perdre et provoquèrent l'avènement de Michel Rocard. Cette expérience d'ailleurs ne servit à rien. La même attitude de la droite molle livra peu à peu à l'adversaire les Régions, la Région Ile-de-France elle-même, impossible à perdre pour la droite, et la PACA, pour ne citer que les deux plus importantes !

De 1981 à 1984, les communistes figuraient dans le gouvernement de la France. Cela officialisait l'aveu que jamais les dirigeants occidentaux ne firent rien pour aider à la libération des pays de l'Est. Ces peuples, grâce à une résistance spirituelle et morale, dont l'Ouest n'avait pas conscience, se libérèrent eux-mêmes. Incorrigibles amis du fait acquis, les gouvernements de l'Ouest avaient passé cinquante ans à reconnaître leurs homologues de l'Est. Les Soviétiques au contraire aidaient eux financièrement, matériellement, les partis chargés de déstabiliser le monde dit libre. En réponse, celui-ci ne faisait rien, se contentant à la dernière des dernières minutes d'admettre qu'il y avait un mouvement de résistance interne, et qu'il faudrait un jour rencontrer les rescapés de Solidarnosc. Lorsque, grâce à leur acharnement pathétique, les Polonais eurent enfin des élections libres, le Parti communiste ne dépassa pas deux pour cent, moins de voix que d'adhérents officiels !

La Pologne avait lancé le mouvement, la Hongrie suivit, les Allemands de l'Est firent exploser le mur de Berlin ! Ces régimes de l'Est « communiste », il avait été de bon ton d'imaginer qu'ils dureraient longtemps, sinon toujours : de nombreux essais décrivaient le délabrement intérieur de ces pays, mais nul politique en France ne prévoyait que ces régimes disparaîtraient sans qu'aucun coup de feu ne soit tiré. Et pendant ce temps, François Mitterrand avait inventé de célébrer 1789. Monsieur Gorbatchev, de son côté, rêvait d'installer à Varsovie, à Budapest ou à Prague, de petits « Gorbatchev », ce qui ne déplaisait pas à notre président. La diplomatie française soutenant Gorbatchev sacrifiait des pays dont nous n'avions jamais reconnu l'annexion. Un écrivain, en France, décrivit le mécanisme Gorbatchev, Françoise Thom dans son livre annonçait ce qui allait se produire dans ces pays dont l'Europe de Bruxelles et la France, en particulier, ne faisaient rien pour saluer l'aurore de liberté. La France, du reste, pendant cet extraordinaire mouvement que ses dirigeants n'avaient, je le répète, ni aidé, ni même prévu, la France était totalement absente. N'ayant pas de politique étrangère, comment s'étonner que dans le même temps sa politique intérieure ait été elle aussi nuisible ? Michel Rocard, préfigurant la méthode de ses successeurs vingt ans plus tard, ne s'intéressait qu'à l'idée qu'il pourrait être candidat à la Présidence pour succéder à celui qui n'avait pas pu ne pas l'appeler à la tête du gouvernement. Mais Mitterrand savait qu'il suffisait de changer de Premier Ministre pour sauver la république socialiste et son président. L'heure d'Édith Cresson était venue.

Chapitre IX

À LA RECHERCHE DE LEUR ÂME

« Un peuple ne peut se détacher de son histoire sans se perdre. »

Mao Tsé Toung (pendant la Révolution culturelle)

L'aveuglement apparent, délibéré et constant de nos experts, hommes politiques et journalistes, leurs analyses et leurs conclusions sur l'évolution du monde incite à se demander si leurs prévisions, toujours fausses, répondent au désir de communiquer leur vision politique aux lecteurs ou à la volonté d'imposer leur politiquement correct, transformant peu à peu les Français, comme en 38, « en Munichois ».

Ce mal m'était apparu devant la conviction des observateurs français, à la veille d'élections américaines, de la victoire d'un démocrate à sensibilité de gauche. Les journalistes français affirmaient en toute sérénité que le plus intelligent des deux candidats en présence l'emporterait. C'était Stevenson qui profitait à juste titre d'une réputation d'intellectuel de haut niveau. Le parti démocrate l'avait choisi ; Eisenhower se présentait sous l'étiquette du Parti Républicain. Sans trop savoir pourquoi, j'éprouvai la conviction que l'ancien général en chef, le vainqueur de la guerre, ne pouvait pas ne pas l'emporter. Ayant indirectement servi de loin sous ses ordres, j'imaginais tous ces GI ne pouvant pas ne pas voter pour leur ancien patron qui leur avait apporté la gloire. En tant que Français, je me souvenais de sa compréhension à l'égard du général de Gaulle et de l'élégance avec laquelle il avait décidé que Leclerc et la 2e D.B entreraient les premiers dans la capitale française. Cette décision dont il s'explique dans ses mémoires était très mal ressentie par Roosevelt. Il le savait, n'hésitait pas à la prendre quelles que soient les réserves du président. Comme prévu par moi, il l'emporta.

Au cours du temps, je constatai que nos experts croyaient, toujours parce qu'ils les souhaitaient, aux victoires des candidats démocrates. Un de mes anciens camarades américains me fit observer un jour : « Tes compatriotes me surprennent : ils préfèrent les présidents démocrates alors que les républicains ont des attitudes toujours plus favorables à la France ». Il est vrai qu'Eisenhower et Nixon, pour ne citer qu'eux, montrèrent plus de compréhension à notre égard que leurs adversaires lors de nos engagements en Indochine, puis en Algérie.

Comment oublier, mais personne ne le cite en France, que le premier grand succès de John Kennedy, futur candidat démocrate, fut un discours fameux à l'ONU contre la politique française en Algérie. En dépit de cette attitude, notre snobisme politiquement correct lui donnait l'avantage aux États-Unis, dans l'esprit de l'intelligentsia française.

Plus tard, mon esprit indépendant de contradiction m'incita à faire soutenir Reagan par le *Figaro Magazine* contre l'avis de tous les médias français qui le brocardaient « cow-boy, acteur de séries B », estimant qu'il n'avait pas une seule chance d'être élu. Il le fut. Grâce à mon intuition, j'obtins le premier entretien qu'il accorda à un écrivain journaliste étranger, entretien qui contribua au succès de notre magazine.

Les experts français avaient préféré Carter, comme ils soutiendront Kerry, politiquement correct à leurs yeux, contre Bush qu'ils s'obstinent à traiter de nul, de criminel et pire que tout de bigot ! À la veille de sa réélection, la cause était entendue. Les jeunes votaient en masse, donc selon les observateurs français « ils se porteront sur John Kerry ». Le comble de la désinformation semblait atteint.

Bush obtint un résultat plus brillant que le très populaire Ronald Reagan, malgré l'Irak. Les Américains votèrent pour les valeurs morales, familiales, religieuses ! Les grands médias évoquent en général les prises de position d'acteurs ou de personnalités new-yorkaises qui ne représentent pas l'ensemble du peuple des États-Unis, pas plus que l'intelligentsia parisienne ne correspond au peuple de France.

Au cœur du programme républicain figurait la défense des valeurs familiales et chrétiennes. Si nos intellectuels parisiens avaient eu le souci de comprendre le comportement des électeurs américains, ils auraient rappelé que dans onze États consultés par référendum au sujet du mariage homosexuel, tous l'avaient refusé, États démocrates inclus !

Les électeurs américains plébiscitèrent un homme hostile à l'avortement, à l'union légale des homosexuels, luttant contre le sida en préconisant l'abstinence avant le mariage et la fidélité dans le couple, un homme qui prie avec ses ministres avant chaque réunion du cabinet !

Ce comportement est si contraire aux valeurs du politiquement correct français qui voudraient au nom d'une certaine idée de la démocratie le faire partager au monde entier. Ces partisans ne peuvent comprendre ou même admettre qu'un peuple quel qu'il soit préfère la loi naturelle telle qu'elle s'imposait jadis à travers la religion à cette liberté totale offerte par la mondialisation. Or comment et pourquoi les électeurs dans le monde entier ne préféreraient-ils pas leur idéal repoussant la religion mondialiste des Droits de l'Homme qui permet de faire n'importe quoi ?

La télévision par satellite et par Internet diffuse un modèle de l'Occident décadent qui choque tous ceux qui sont attachés à une morale traditionnelle grâce à laquelle les peuples un peu partout retrouvent ou croient retrouver leur identité.

D'où l'incroyable surprise devant le résultat des élections en Iran, inconcevable pour nos bons esprits refusant toujours d'étudier les réalités. Avec une autorité plus hautaine encore que celle qui accompagnait leur soutien à John Kerry, nos bons esprits n'avaient de cesse de décrire un peuple iranien n'ayant qu'un désir, se libérer de la dictature des ayatollahs ! Les journalistes iraniens interrogés se devaient de se montrer avides de ressembler aux occidentaux.

On ne nous proposait pas de Kerry en Iran, mais pour nos observateurs la victoire ne pouvait revenir qu'à deux candidats possibles : l'ancien président sous Khomeyni, conservateur mais devenu modéré, et Mostafa Moïn, porte-parole des réformateurs. Le troisième candidat, bien qu'il fût maire de Téhéran, n'avait aucun intérêt car il proposait le renforcement de l'État islamique. Il n'était pas même nécessaire de retenir son nom, Mahmoud Ahmadinejad n'avait aucune chance.

Or les deux candidats célébrés par la presse occidentale furent balayés au premier et au second tour. Ahmadinejad l'emportait avec 62 % des suffrages ! Face à des concurrents milliardaires, le vainqueur n'est qu'un modeste professeur ne vivant que de son traitement d'enseignant en dépit de ses fonctions de maire. Mais il constatait que les revenus astronomiques du pétrole, dont l'Iran est un des plus grands producteurs dans le monde, n'empêchaient pas le peuple de vivre dans la misère. Ses concurrents, bien sûr, promettaient de nationaliser pour rendre le peuple propriétaire du pactole. Le maire, lui, s'engageait simplement à faire rendre gorge à ceux qui s'enrichissaient depuis tant d'années. Les promesses à l'occidentale ne suffisaient pas à rallier les électeurs. Le candidat qui promettait « la restauration de la révolution islamique dans sa pureté primitive » allait gagner, l'accueil fait à cet engagement répondant à la volonté islamique du refus de la mondialisation. Si l'Occident présentait un autre visage que celui du laxisme moral, du mépris de la famille, de la permissivité sexuelle, il exercerait plus d'attrait pour éloigner le peuple des sacrifices exigés par l'Islam.

Ne nous y trompons pas. Les peuples un peu partout recherchent leur identité. Ce qui explique le rejet de la civilisation prônée par « l'élite occidentale » qui combat le recentrage sur les valeurs traditionnelles. D'où le succès incompréhensible pour nos observateurs de Bush ! et leur stupéfaction quand les électeurs en Iran au lieu de choisir « le bien » lui préfèrent le mal. N'en concluons pas que nous devons approuver la victoire des ayatollahs et l'installation de leur régime qui fait courir au monde tous les risques.

Considérons une fois encore ce qu'ont vécu les peuples d'Europe, Allemagne et Russie en tête au vingtième siècle. Sa Sainteté Jean-Paul II avait raison de décrire les risques que courent les peuples lorsqu'ils tournent le dos, *volens nolens*, à leurs aspirations profondes et se révèlent alors incapables de résister aux nouveaux mythes. L'Europe, si elle entend résister au choc des civilisations qui se prépare, doit elle aussi retrouver ses racines. Si elle refuse toute référence à son identité profonde et chrétienne, elle se présentera moralement désarmée face à ces islamistes décidés à nous apostasier ou à nous faire périr. L'Histoire bégaie. Voulons-nous revivre la fin de Byzance en discutant non plus sur le sexe des anges, mais sur l'abîme qu'offre devant nous une civilisation libertaire, laïque et sans Dieu !

Chapitre X

LE NON À L'EUROPE DE BRUXELLES

Député pendant vingt-cinq ans, j'ai assisté à trop de discours de Premier Ministre pour être tenté d'écouter le débat succédant au référendum sur la Constitution Européenne. Les hasards de la télévision me firent tomber, rentrant chez moi après déjeuner, alors que je cherchais des informations sur la retransmission du discours du Premier Ministre à l'Assemblée Nationale.

J'eus la curiosité d'entendre comment nos députés analysaient le résultat du scrutin et la victoire du « non ». J'attendais avec intérêt les conclusions de Monsieur de Villepin. Il me donna l'impression de n'avoir rien compris. Puis les représentants des partis, j'ai oublié lesquels, vinrent célébrer l'avenir, aucun n'évoquant la majorité de français ayant voté non ! À droite, à l'UMP, chaque orateur s'engageait à soutenir la politique du gouvernement qui allait diminuer le chômage, les impôts, et « réformer » pour le plus grand bien de la majorité et de la France.

La majorité serait plus unie que jamais. J'aurais souhaité que Myard ou Dupont-Aignan, rarissimes artisans du non à l'UMP, expliquent leur vote qui n'empêchait pas leur engagement de soutenir la politique de réforme de Monsieur de Villepin, même s'ils avaient fait voter contre le projet de constitution en expliquant pourquoi ils restaient tout de même fidèles à la majorité et au président de la République. Les gens de Bayrou regrettèrent sans s'étendre l'échec du « oui ». Quant aux socialistes, ils n'évoquèrent même pas le « non », ne donnant pas la parole à Fabius, qui se tut ; seul le représentant officiel du Parti communiste se félicita de sa victoire. À l'entendre, cinquante-cinq pour cent des Français avaient voté « non » parce qu'ils partageaient les idées du Parti communiste et avaient donc suivi ses recommandations.

Je croyais rêver. Et j'ai compris que nos députés, eux, n'avaient rien compris !

En dépit d'une scandaleuse propagande, utilisant tous les procédés pour gagner, intimidant, menaçant des pires malheurs pour la France si le non l'emportait, n'hésitant pas à occuper l'antenne, contrairement à la loi, à soixante-seize pour cent entre le 1er février et le 1er mars, le CSA attestant ce déséquilibre : 59,2 pour cent d'antenne pour le « Oui », 40,8 pour cent pour le « Non » ! Naturellement le temps de parole du président de la République et des membres du gouvernement n'était pas compté !

La presse écrite, sauf *L'Humanité* et *Présent*, préconisa dans son ensemble le « oui ». En dépit de cette tentative de lavage de cerveau, les Français ont voté « non » ; et ce non atteste de leur capacité de résistance à l'intoxication si pernicieuse soit-elle !

J'ai su depuis qu'autour de Raffarin, jusqu'au bout, on imaginait l'emporter ! Autour du Président de la République, les plus pessimistes pensaient que le « non » gagnerait peut-être mais avec 51 % au maximum !

On ne trouva nulle part une étude sur les motivations des Français. Le vote néerlandais qui confirmait le nôtre fut analysé d'un haussement d'épaule comme la conséquence de l'assassinat d'un chef ultranationaliste par un musulman, et nul n'entreprit une enquête que je tentai moi-même auprès de mes amis européens. Pas à Bruxelles, bien entendu ! Tous me confièrent leur sentiment, inutile de citer les Britanniques dont on connaît les oppositions officielles, mais les Allemands m'affirmèrent que si les peuples européens avaient été consultés par référendum, ils auraient tous répondu « non ».

« Non » à la morgue bruxelloise qui ne gène pas les élus puisqu'ils y participent. Le ton péremptoire de moralisateurs ne peut toucher les électeurs de base. Le parlementaire lorsqu'il est consulté, lui, a besoin d'être sûr de l'investiture de son parti aux élections suivantes. Or tous les partis étaient pour le « oui ». Hollande hésita un instant à exclure les partisans socialistes du « non ». Il recula, sentant le terrain incertain, d'autant que certains comme le sénateur Charasse s'engageaient avec la fougue et le talent qu'on lui connaît pour le « non ». Il démontrait que le traité menaçait la République, comme d'autres, dont j'étais, le combattaient parce qu'il effaçait la France. Charasse utilisait les propos réticents de François Mitterrand sur l'adhésion de trop d'États, d'autant plus aisément que Madame François Mitterrand choisissait elle-même son camp !

Des sondages indiquèrent que 20 % de la clientèle UMP avait voté « non ». À l'extrême droite, les nationalistes du Front National (15 à 20 %) ne cachaient pas leurs votes, les 15 % restants pour arriver à 55 % sont faciles à trouver, quelques communistes et des socialistes sensibles à l'argumentation Charasse-Fabius-Chevènement ! Ce qui frappe, c'est que tout ce qui n'est pas politique réussit en Europe mais l'Europe n'a pas d'âme. Nul n'est prêt à mourir pour une certaine idée de l'Europe de Bruxelles ! Et il lui faudra affronter l'Islam, demain, dominateur, dont la volonté est tendue vers un monde, un seul monde, musulman !

En juillet 2005, comme si rien ne s'était passé en France ni ailleurs depuis le 29 mai, (date du référendum français et de la chute de Byzance), la commission européenne réaffirma son soutien à l'ouverture en octobre des négociations d'adhésion de la Turquie au club communautaire !

Pour les partisans de la Turquie dans l'Europe, pour le président Chirac, l'intégration est un gage de paix ; il faut que ce pays rejoigne l'Europe plutôt que le bloc islamiste ! Or cette Europe, telle que les technocrates la conçoivent, rejette toute référence à ses racines chrétiennes. La Turquie elle, son président en tête, est fière et revendique ses racines… musulmanes. Étrange raisonnement ! C'est justement pour cela qu'il faut qu'elle soit avec nous et non contre nous, clament certains. L'entrée de la Turquie, selon le chef de l'État français, est un élément de rapprochement avec le monde islamique ! Sa présence dans l'Europe écarte la menace de guerre de civilisation ; plus de guerre de religion entre ceux qui en ont une et ceux qui n'en ont pas, et n'ont pas non plus de raison de se battre pour elle.

Puisque la France et l'Europe n'appartiennent pas à la civilisation chrétienne, elles n'auront aucun motif de fomenter un conflit avec l'Islam.

L'occident a connu au XXe siècle ce type de raisonnement. N'évoquons pas Vichy et la thèse des collabos parisiens ; les malheureux ne faisaient que tenter de survivre. Souvenons-nous plutôt de la menace soviétique sur le monde. Le merveilleux moyen d'éviter une nouvelle occupation, c'était d'adopter le communisme ! L'Occident pendant des dizaines d'années tenta de négocier pour éviter tout conflit. Le moyen le plus efficace était d'adopter la religion de l'adversaire, la religion communiste. Jusqu'au jour où les États-Unis se réveillèrent enfin, le jour où le président Reagan décida de ne plus céder... La tentation restait pourtant longtemps forte en Europe.

Le plaisant dans l'affaire turque, c'est que en France les adversaires les plus convaincus de la politique américaine n'éprouvent aucune surprise à constater que les États-Unis sont favorables à cette entrée de la Turquie dans l'Europe. Les adversaires les plus résolus des Américains expliquent sans rire que les États-Unis voient dans ce rapprochement un moyen d'affaiblir l'Europe, après avoir favorisé l'installation d'un État musulman en Bosnie, comme si l'Albanie ne suffisait pas. Les critiques systématiques de la politique de Bush admettent la préférence américaine pour la Turquie. Ils oublient que les Européens, allemands en tête, français et anglais par faiblesse, sont responsables de l'éclatement de la Yougoslavie et de tous les conflits qui ont suivi. Incapables de régler les difficultés du Moyen-Orient, les Européens firent appel à Washington pour arrêter la guerre civile, puis firent retomber ensuite sur les États-Unis la responsabilité des impasses du Moyen Orient.

Que le président Erdogan ait été un ultra-condamné par la justice de son pays, interdit de se présenter à des élections, puis enfin amnistié, ne préoccupa pas nos politiques. La presse française, lors de sa victoire électorale titrait « Les modérés l'emportent » à l'exception de Libé pour une fois plus lucide !

À l'origine, le président Giscard d'Estaing relevait contre l'adhésion de la Turquie la constatation évidente qu'elle ne fait pas partie géographiquement de l'Europe. Mais à la vérité, face à ce désir d'intégrer ce pays dans l'Union européenne (faisant abstraction de la géographie, de l'Histoire, de la culture, de la religion), les Français, consultés, montrèrent un bon sens dont tous les peuples d'Europe, géographiquement parlant, témoigneraient s'ils en avaient l'occasion ; les thèses des bureaucrates technocrates de Bruxelles décideront le contraire, si on les laisse faire.

Chapitre XI

LA CÔTE-D'IVOIRE

Un incident m'opposa à Jean de Gaulle un jour en commission des finances à l'Assemblée. Le sujet traité concernait l'abandon du franc CFA. Discussion : j'écoutai le rapporteur, le président, puis je pris la parole pour conter l'histoire suivante. C'était à un retour d'Afrique Noire du président de la République le général de Gaulle. Nous l'attendions, les membres de son cabinet, certains ministres et des conseillers de Paris dont le maire et le rapporteur du Budget. Les états africains accédaient à l'indépendance dans le cadre de la communauté proposé le général de Gaulle. Les journalistes présents posèrent des questions sur l'avenir des anciennes colonies, celles où tout se passait bien et les autres.

Manifestement, le général était quelque peu las, les affaires de Guinée n'étaient pas soldées. Lorsqu'un d'entre les assistants posa la question suivante : « Mon général, où ira l'Afrique ? » de Gaulle de répondre : « Elle ira d'où elle vient, au chaos ! » Je m'éclipsai de la commission des finances, n'éprouvant pas le besoin de suivre la suite d'un ordre du jour ne me concernant pas.

Le soir, je reçus un coup de téléphone de Jean-Jacques Jégoud, mon colistier du Val-de-Marne, qui me confia : « Après ton départ, Jean de Gaulle est intervenu pour dire que tu avais insulté son grand-père et qu'il souhaitait des sanctions à ton endroit. Je pris ma plus belle plume et écrivis à Jean de Gaulle : « Mon cher collègue, ceux qui servirent votre grand-père depuis 1940 connaissent les mots très durs par lesquels il exprime parfois une évidence qui lui fait plus de mal qu'aux autres. J'ai compris en ce sens sa réponse que j'ai rapportée en commission l'autre jour etc. » Jean de Gaulle me répondit par un petit mot de compréhension sinon d'excuses. Nous devînmes complices à la commission des Finances. J'ai conté cette anecdote dans un portrait du général de Gaulle en 1990 en précisant que c'était un de ses mots terribles comme il en avait tant.

Hélas, il avait bien perçu l'avenir de l'Afrique post-coloniale. La Côte d'Ivoire vit aujourd'hui ce mal exemplaire qui devrait libérer les Français de tous remords. J'ai connu la Côte d'Ivoire « exemplaire » d'une autre façon, celle d'Houphouët-Boigny. Elle était l'exemple de la présence coloniale réussie. Aujourd'hui, elle illustre les malheurs de l'Afrique qu'on ne peut imputer à l'homme blanc. À la rigueur pourrait-on nous reprocher d'avoir abandonné ces pays trop vite, sous la pression d'une volonté artificielle d'indépendance encouragée par le communisme international, la pression de l'ONU et des Américains. Leurs frontières furent celles des limites fixées jadis par l'administration coloniale, elles ne tenaient compte ni des ethnies, ni des religions. Dès que nous sommes partis, les haines tribales et raciales reprirent le dessus alors que « l'affreux colonialiste » avait réussi à les contenir.

La Côte d'Ivoire, je le souligne, illustre le malheur de l'Afrique. Partout, la pauvreté s'accroît sans cesse, et il est de bon ton d'accuser les pays développés d'accaparer les richesses en ne traitant pas équitablement l'Afrique, pseudo-victime de la mondialisation ; d'où les subventions à fonds perdus. Le cas de la Côte d'Ivoire mérite d'être cité en exemple ; elle dispose des richesses naturelles parmi les plus précieuses d'Afrique qui permettaient à Houphouët d'en faire une vitrine, malgré la corruption qui déjà se manifestait. La Côte d'Ivoire est le premier producteur mondial de cacao, dont les cours depuis 1990 fluctuent tous dans le bon sens. Pourtant, le pays s'enfonce dans le marasme ! Coup d'état en 1999, rébellion en 2002 dont la crise permanente actuelle est le prolongement. Où vont les recettes de l'État ? Elles alimentent les comptes secrets des dirigeants et l'achat d'armes !

Les entreprises françaises, PME, contribuaient pour la moitié aux recettes fiscales du pays. Or, les investisseurs n'investissent plus et les PME ont été chassées.

De tout cela, l'Occident n'est pas responsable sinon par son aveuglement. La France moins que tout autre puisqu'elle continue à apporter son soutien à la recherche de solution… démocratique dans des pays où le mot démocratie n'a aucun sens.

Chapitre XII

L'EURO

Un des aspects préoccupants des origines du suicide de la France est la complaisance à se griser de mensonges. La mise en place de l'Euro, à elle seule, suffit à le démontrer. Le Président de la République chantait ses louanges lors des vœux en décembre 1998.

« La création de l'Euro, affirmait-il, ouvre une ère nouvelle (jusque-là c'est sans doute hélas, vrai). Pour nous, français, l'Euro nous apportera plus de choix dans nos achats, des prix plus bas, de nouvelles parts de marchés, de nouvelles possibilités d'investissement et donc d'emploi. Il nous apportera une plus grande stabilité dans un monde incertain… »

Sept ans plus tard, nous pouvons juger les promesses ou les rêves. Les prix croissent, les salaires et les retraites ne suivent évidemment pas.

Les gouvernements, il est vrai, ne dévaluent plus à tout bout de champ, mais la vie a changé. Un exemple : depuis la disparition de mon épouse, je donnais à ma gouvernante

100 francs chaque matin pour les courses de la maison. L'euro apparut, je crus bien faire de lui remettre à la place vingt euros… Un matin, elle confia à ma fille « Je ne l'ai pas dit à Monsieur, mais avec les vingt euros, je ne peux pas faire ce que je faisais avec cent francs ». Voilà la réponse brutale de la vie quotidienne aux promesses de l'euro. Vingt euros valent cent trente francs et cela ne suffit pas. Cette anecdote date de la fin 2005. Le marché de la ménagère avait donc déjà augmenté de trente pour cent !

L'euro a certes rempli une mission. Grâce à lui nul besoin d'établir des pactes de stabilité. Comme la France refuse les réformes élémentaires de structure, seule méthode pour limiter ses dépenses, les prix augmentent, les salaires ne suivent pas.

Sarkozy, un instant ministre des Finances, reconnut début 2005 l'effet inflationniste de l'euro, déguisé mais brutal ! Pendant des mois, tous les hommes de gouvernement avaient ricané de nos alarmes. Les Français, depuis, ont jugé l'euro et les engagements qui l'accompagnaient à l'époque de Maastricht. Ils ont dit « non » à la constitution européenne, refusant d'écouter à nouveau promesses et mensonges. Impossible de supporter un chômage endémique, les pertes d'emploi qui s'additionnent, les exportations restées au niveau de 2001 : la croissance de la zone euro reste la lanterne rouge des grands pôles économiques !

Je vante rarement la situation de la Grande-Bretagne depuis le départ de Madame Thatcher. Mais je constate que, restée en dehors de l'euro, elle connaît sur tous les postes où nous avons reculé une prospérité plus grande que la nôtre. Idem pour le Danemark et la Suède qui ont boudé l'euro. Comme réponse aux difficultés en France, les syndicats et les socialistes demandent l'augmentation des salaires dans le privé, puisque les patrons avouent souvent des bénéfices exorbitants. Résolument, la gauche exige les mêmes décisions dans les services publics qui ne font pas de bénéfice.

En somme, s'il y a de l'argent, qu'on le distribue ! S'il n'y en a pas, il ne faut pas hésiter pour si peu. Avec sa superbe habituelle, Strauss-Kahn veut que cette augmentation soit significative, il précise : « C'est en fixant un objectif d'augmentation des revenus que nous redonnerons confiance ! Recréons la confiance, nous relancerons la consommation. En relançant la consommation, nous ferons repartir l'investissement et la croissance ! »

Strauss-Kahn est, dit-on, le plus sérieux des économistes socialistes. Il est vrai qu'au pouvoir, alors ministre des finances, il ne prit aucune des mesures qu'il suggère aujourd'hui, lorsqu'il se dit prêt à injecter des fonds publics (qu'il n'a pas) pour aider les entreprises à passer un cap difficile. Traduisez : recours aux nationalisations temporaires à la Mitterrand ! On connaît la suite !

Pendant ce temps, les malheurs de l'Europe cheminent. Bien entendu, ce que pense le peuple français ne préoccupe pas ses dirigeants, soumis aux technocrates bruxellois. Cinq ans après la disparition du franc, une majorité de nos compatriotes serait, d'après les sondages, favorable au retour en arrière… Quarante-sept pour cent d'entre eux l'affirment ouvertement, moins qu'en Allemagne où cinquante-six pour cent des habitants sont pour le retour du deutsche Mark.

Le non des Pays-Bas à la constitution, succédant au nôtre, fit un instant, très court, réfléchir les dirigeants de Bruxelles et davantage encore ceux qui ont une responsabilité pratique : les dirigeants de la Banque Centrale Européenne décrirent un scénario catastrophe dans le cas de la mort de la monnaie unique.

Pendant la campagne, aux Pays-Bas, l'euro avait été la cible des opposants, condamnant la perte du pouvoir d'achat d'où la victoire du « non » hollandais ; en France, il est pour ainsi dire interdit de l'évoquer, en tout cas tout se passe comme si…

En Allemagne, le ministre de l'économie de Schröder déclara que « son pays sacrifie une part importante de sa croissance sur l'autel de l'euro ». Les dirigeants italiens sont plus sévères encore. Pour eux, je les cite, « L'euro montre qu'il n'est pas à la hauteur. Il faut réintroduire les monnaies nationales ».

Les dirigeants français se taisent, montrant l'exemple aux médias obéissants qui restent muets.

Le plus déconcertant est que si l'euro est coupable partout de l'augmentation du coût de la vie, il devait aussi, c'était sa justification, être le pacte de stabilité, instrument de convergence des économies. Or, elles ne cessent de diverger... La grogne des peuples impliquerait la sortie de l'euro, mais le traité de Maastricht interdit cette hypothèse. Pour abandonner l'euro, il faudrait pour tel ou tel candidat à l'abandon qu'il sorte de l'Union Européenne, la mort de Bruxelles en somme.

Seule, la Grande-Bretagne s'en tire donc mieux que ses partenaires qui ne tirent aucune leçon de cette situation.

Le peuple français a dit « non » à la constitution. En perdant le franc, il sait qu'il a perdu un peu plus de la France et il se demande parfois ce qui en reste !

Mais l'euro se porte désormais mieux que le dollar, m'objecte-t-on ! C'est vrai. Cette hausse semble paradoxale. La monnaie se doit d'être, et est, en général, le reflet de l'économie d'une nation. Or l'économie européenne est molle !

Les prévisions de croissance sont modestes (2 % en 2006) contre près de 5 % dans le monde et 8,4 % aux États-Unis.

Alors pourquoi l'euro monte-t-il comme s'il était détaché de l'essor limité des États ? D'abord pour des raisons politiques. Le marché est justement faussé délibérément par les États non européens, en fonction de leur propre politique, de leur ambition, de leurs prétentions.

La Chine maintient artificiellement sa monnaie basse pour accroître ses exportations. Les États-Unis, grâce au recul de leur monnaie, diminuent leur déficit commercial.

Les États européens à la population vieillissante favorisent la rente au détriment du travail. La France montre l'exemple, mauvais.

À côté des raisons politiques, se profilent des motifs techniques ; trop de dollars permettent à l'euro de s'installer comme monnaie de référence. La réserve fédérale américaine ne publie plus depuis mars 2006 son agrégat monétaire M3 !

Or cet indice permettait de connaître le nombre de dollars en circulation. Sa disparition augmente l'inquiétude des détenteurs de dollars. Une certaine propagande prétend que l'Amérique, en guerre en Irak et en Afghanistan, fait marcher sa planche à billets afin de faire peser sur les étrangers ses dépenses militaires. Les détenteurs du billet vert se tournent vers la deuxième plus importante monnaie : l'euro.

Et puis, l'euro devient une « pétro monnaie » !

Beaucoup étaient obligés de détenir des dollars pour acheter leur pétrole dont le prix était libellé en dollars.

Or l'Iran, toujours en mars 2006, pour gêner le satan américain, a mis en place une bourse au pétrole libellée en euros. Elle est ouverte à tous les producteurs de la région.

Bien des pays arabes, qui en veulent aux États-Unis de l'intervention en Irak, se félicitent de leur jouer un tour en vendant en euros ; de même qu'ils jouent la prudence en diversifiant leurs avoirs.

L'Iran, l'EUA cèdent du reste leurs avoirs aux États-Unis et les transfèrent en Europe ou pire encore en Asie comme réponse à l'interventionnisme américain en terre d'Islam. La baisse du dollar, en partie volontaire ou anticipée, incite les investisseurs à reporter leurs achats sur d'autres monnaies.

La seule conclusion, provisoire, est que tout cela est subi par la France, je pourrais dire par l'Europe. Seuls, l'Allemagne et la Grande-Bretagne évitent de participer à ce jeu infernal.

Chapitre XIII

L'EFFONDREMENT ÉCONOMIQUE FRANÇAIS

S'il existe un domaine emblématique de l'effondrement de la France, c'est bien l'économie. Le petit livre de Nicolas Baverez *La France qui tombe* était fort opportun et bien étayé pour la partie du constat. Ce normalien énarque également avocat et historien est un publiciste brillant. Sans conteste. Il manque sans doute un peu d'originalité dans les propositions qu'il fait à la fin de son opuscule. Ce n'est pas le rôle d'un journaliste, si brillant soit-il, de proposer un programme comme pourrait le faire un responsable politique. Et il lui faut aussi garder une certaine prudence par rapport à ses tribunes au *Monde* et au *Point.* Mais son constat est celui que tout observateur lucide, honnête et courageux doit faire : *« Alors qu'elle n'a pas résorbé les séquelles des chocs pétroliers des années 1970, la France subit désormais de plein fouet les transformations radicales déclenchées par la fin de la guerre froide, la mondialisation puis les frappes terroristes du 11 septembre 2001. Elle se trouve ainsi plongée dans les crises du XXI*^e^ *siècle alors qu'elle n'a toujours pas résorbé les séquelles des chocs du dernier quart du XX*^e^ *siècle. »*

L'observation des trois taux français de croissance, de chômage et d'endettement oblige à conclure que les qualificatifs de nos performances économiques oscillent entre *minables* et *désastreuses*.

Les actuelles performances économiques sont désastreuses si on les compare à ce qu'elles ont été au cours de l'histoire de France. Elles sont minables si on les compare aux autres grands pays du monde.

Observons d'abord la croissance. Avec une croissance qui oscille entre 1 et 2 % par an, 1,2 % en 2005, les économistes officiels du système, – payés par l'Université ou les organismes publics, – expliquent que ce chiffre correspondrait au taux de croissance moyen de la France au cours de son histoire. Il ne faudrait donc pas s'inquiéter de sa faiblesse. Ils « oublient » simplement de comparer notre croissance à celles des autres pays. La croissance économique de l'humanité a beaucoup varié au cours des siècles notamment en raison des progrès technologiques. Or nous vivons une période d'extraordinaire développement des moyens de communications dont Internet est emblématique. Ces nouvelles technologies de l'information offrent de formidables opportunités de développement. Il est affligeant de constater que l'Europe continentale, et au « premier chef » la France, n'en recueillent que des miettes. Pourquoi ? L'Europe continentale s'est *« coupée de la croissance mondiale durant la première moitié des années 1990 par le processus déflationniste mis en place par le traité de Maastricht pour réaliser l'euro, puis pénalisée par des politiques malthusiennes tendant à rationner le travail et ralentir le progrès technique »* écrit Baverez avec raison. Lors de l'élection présidentielle de 1974, les jeunes Giscardiens avaient un slogan cru pour certaines affiches et autocollants : « Mitterrand + Marchais + Moscou = la Merde en France ». Même si la première lettre n'est plus commune, son adaptation actuelle est : « Trichet + Aubry + Bové = la Merde en France ». L'euro fort, les 35 heures et la peur irraisonnée de la science ont, avec les impôts étouffants, les dépenses publiques stériles et les réglementations absurdes d'un État devenu fou, cassé l'économie française.

Nos performances sont honteuses comparées aux autres pays développés. Notre commerce extérieur est symbolique de notre « descente aux enfers ». C'était d'ailleurs le titre d'un article de l'Express qui lui était consacré. Nous sommes passés progressivement d'un excédent de plus de 20 milliards d'euros en 1998, à un déficit de 26,5 milliards d'euros en 2005. Ce chiffre, plus mauvaise performance de la France depuis un quart de siècle, symbolise la non-compétitivité de l'économie française. Les ministres expliquent que ce mauvais résultat est dû à l'augmentation de la facture pétrolière, à l'euro fort et à l'apparition de nombreux concurrents comme la Chine. Certes, ces facteurs ne favorisent pas notre économie. Mais comment expliquent-ils que dans le même temps l'Allemagne pulvérise son record en faisant 160 milliards d'euros d'excédents ? 180 milliards de francs de déficit pour les Français, contre plus de 1 000 milliards de francs d'excédents, chiffre pharaonique, pour les Allemands ! Pourquoi cette incroyable différence de performance, Mesdames et Messieurs les politiques ? Silence gêné des menteurs patentés !

En réalité, les performances économiques et sociales françaises sont désastreuses. Songeons qu'un Irlandais avait 40 % du niveau de vie d'un Français en 1980. L'Irlandais a aujourd'hui 125 % du niveau de vie d'un Français. Il a progressé trois fois plus vite que nous ! *« On ne peut pas comparer, c'est un petit pays »* diront les thuriféraires du système. Pourquoi les États-Unis ont-ils une croissance très supérieure à la nôtre depuis les années 1980 et l'élection de Reagan ? Est-ce un petit pays ? *« On ne peut pas comparer, c'est un grand pays »* répondront-ils avec la mauvaise foi caractéristique de leur profession. Et la Grande-Bretagne qui a la même population que nous ? Pourquoi le PIB de la France qui était supérieur de 25 % à celui de la Grande-

Bretagne dans les années 1970, lui est-il inférieur de 10 % en 2002 ? *« Les Britanniques sont des cousins des Américains. Ils ont une mentalité d'insulaires. Ils ne font que rattraper leur retard »*. Blablabla. Il ne sert à rien de discuter avec les élites du système : qu'elles soient universitaires ou politiques, leur rôle est de nous faire prendre des vessies pour des lanternes et nous masquer les réalités.

Des réalités qui sont, répétons-le, désastreuses.

C'est probablement sur le chômage que nos performances sont les plus désastreuses. Songeons qu'au plus fort de la crise de 1930, alors que la France avait quarante millions d'habitants, soit les deux tiers de la population actuelle, le nombre de chômeurs était de 300 000. Soit sept fois moins que le chiffre officiel actuel qui tourne aux alentours de deux millions de chômeurs. Or ce chiffre officiel, annoncé par l'ANPE chaque mois et repris de « manière moutonnière » (soyons charitable) par l'ensemble des journalistes n'a rien à voir avec le chômage réel. En France, le chiffre du chômage est maquillé de manière honteuse. Le chiffre réel se situe quelque part entre 6 et 7 millions de chômeurs. Car les « érémistes », les préretraités, les emplois jeunes, les stagiaires, les chômeurs de plus de cinquante ans et tant d'autres sont retirés des statistiques pour ne pas effrayer le peuple. Henri Guaino, à l'époque rapporteur général du Plan, avait fait un décompte très précis dans le rapport annuel du Plan. Pour avoir osé donner des chiffres plus proches de la réalité, Monsieur Guaino fut aussitôt « remercié » en étant démis de ses fonctions. Voilà bien le funeste procédé d'une république finissante criblée de dettes, de chômeurs, de fonctionnaires, de retraités et d'immigrés non assimilés. La France ne supporte plus les vérités.

Elle fait tout pour les masquer. Cela ne durera qu'un temps. Personne n'échappe à son destin en refusant de voir, d'entendre ou de parler. La France n'échappera pas aux conséquences de ses erreurs et de son aveuglement.

La triste réalité, qu'il faut masquer au peuple, est que non seulement nos performances sont nulles mais qu'elles ne s'arrangent pas. Au contraire. Depuis trente ans, notre économie va de mal en pis. Nous ne nous sommes jamais remis du premier choc pétrolier de 1973. Depuis lors les Français attendent le retour de la croissance. Ils peuvent toujours l'attendre. Elle ne reviendra plus. Tant qu'ils ne se seront pas débarrassés de leurs élites étatistes, de leurs enseignants keynésiano-marxistes et de leurs politico-fonctionnaires, les Français ne connaîtront pas le retour de la prospérité. Pourquoi ? La réponse est simple : Parce que le socialisme cela ne marche pas. Cela n'a jamais marché nulle part. Or tous les gouvernements qui se sont succédé depuis trente-deux ans, je dis bien tous, ont employé surtout des recettes socialistes.

Pour prendre un exemple récent, regardons les plans de Jean-Louis Borloo. Quand les médias qualifient le gouvernement de Monsieur de Villepin « de droite », on mesure combien les mots ont perdu leur sens. Le « monsieur social » du gouvernement Villepin a été nommé pour mettre en place un « traitement social du chômage ». C'est-à-dire pour faire du socialisme et du maquillage de compte. L'homme est intelligent et y réussit d'ailleurs plutôt bien. Il se vante d'avoir fait diminuer le « chômage ». En réalité, il n'a fait que diminuer le chiffre officiel du chômage. Comment ? Pas en créant des emplois réels dans le secteur productif et privé. Non : en créant des emplois aidés à l'utilité plus que douteuse dans le secteur public. C'est ainsi que de nombreux chômeurs sont sortis des statistiques officielles.

Le « plan de cohésion sociale » de Monsieur Borloo est sans doute le système de contrats aidés le plus complexe qui ait été inventé depuis 20 ans. Le ministre a créé deux douzaines de contrats aidés qui portent les beaux noms de « contrats d'avenir », « contrats d'accompagnement vers l'emploi », « contrats d'insertion dans la vie sociale », « contrats insertion revenu minimum d'activité » ou « pacte junior ». On croit rêver. Les dizaines de milliers de fonctionnaires qui travaillent au ministère des Affaires sociales, à défaut de pouvoir justifier de leur utilité, doivent justifier de leurs salaires. Alors ils pondent des textes et des dispositifs. Et les collectivités territoriales doivent à leur tour engager d'autres fonctionnaires capables de lire ces textes et de comprendre ces dispositifs.

Voilà comment la France se meurt : en engageant des fonctionnaires inutiles, quand ils ne sont pas nuisibles. Ce n'est évidemment pas le cas de tous les fonctionnaires. Certains sont nécessaires : policiers, gendarmes, magistrats, pompiers, militaires, etc. Mais combien de centaines de milliers d'autres dans les administrations centrales et dans les collectivités territoriales pourraient être supprimés sans que cela gêne en rien le fonctionnement de ces administrations ? Il n'y aucune raison valable pour que nous comptions beaucoup plus de fonctionnaires par habitant que les autres pays développés. Sinon parce que les fonctionnaires ont verrouillé la classe politique.

Comment démontrer que la majorité des fonctionnaires du ministère des Affaires sociales ont une utilité faible voire nulle ? Il suffit de regarder les faits : la France est le pays développé qui a le plus de dépenses sociales tout en étant aussi celui qui voit le nombre réel de ses chômeurs augmenter sans cesse. De plus, elle est le seul pays développé qui a connu un embrasement des banlieues de ses 300 plus grandes villes ! En réalité, beaucoup de fonctionnaires ont une seule utilité pour le pouvoir : masquer les réalités aux Français.

« Emploi la belle année 2005 » a titré *le Figaro* du 31 janvier 2006. *« Avec 130 000 chômeurs en moins, la courbe s'est inversée l'an dernier »*. Balivernes ! En 2005, 253 000 emplois aidés ont été créés dans le secteur non-marchand, et 303 000 chômeurs ont été rayés des statistiques officielles.

Comme tout système malade, l'État français produit de plus en plus de statistiques-clés mensongères. Le premier gros mensonge est social. Il tient au chiffre du chômage donné chaque mois par l'ANPE. Répétons-le : nous n'avons pas deux mais plutôt sept millions de chômeurs. Notre taux de chômage n'est pas inférieur à 10 % mais supérieur à 20 %. Il approche même les 30 % si on ne tient compte que des 17 millions de travailleurs du privé. Le deuxième gros mensonge est financier. Il tient au chiffre de notre endettement. Nous n'avons pas 1 000 mais près de 3 500 milliards d'euros de dette si nous intégrons, comme y incite la comptabilité internationale de l'OCDE, les pensions de retraite que le système social français s'est engagé à verser.

Revenons au mensonge social. Les chiffres du chômage de l'année 2005 en fournissent une nouvelle illustration. Les médias ont repris le chiffre d'une baisse de 206 000 chômeurs, chiffre fourni par l'ANPE. Seulement l'ANPE, l'Agence Nationale Pour l'Emploi, qu'on pourrait rebaptiser ANPC pour Agence Nationale Pour le Chômage tant elle brille par son inefficacité, recense le nombre de chômeurs en utilisant ses propres critères. Elle distingue les demandeurs d'emploi en fonction de leur disponibilité et du type d'emploi recherché. Elle a ainsi créé, au fur et à mesure des années, huit catégories de chômeurs.

Entre janvier 2005 et décembre 2005 le nombre de chômeurs de catégorie 1 a effectivement baissé de 206 200. Le chiffre des chômeurs catégorie 1 est le chiffre communiqué chaque mois par le gouvernement. Il est aussi le chiffre repris chaque mois par les journalistes, par commodité dirons-nous, pour ne pas retenir la notion de fainéantise. Si le chiffre des chômeurs de catégorie 1 a effectivement diminué, sur la même période le nombre de chômeurs de catégorie 3 a, lui, augmenté de 20 300, le nombre de chômeur de catégorie 4 a progressé de 50 200, ceux de catégorie 6 de 46 500, et ceux de catégorie 8 de

14 500. La somme des catégories de 2 à 8 a progressé de 129 500. Qui, en dehors des revues spécialisées réservées à une poignée de spécialistes, l'a dit ? Qui a donné l'ensemble des statistiques du chômage ? Qui a été au-delà du chiffre de la catégorie 1 ? Qui a eu le courage d'informer vraiment les Français ?

Revenons sur certaines de ces catégories qui semblent obscures (c'est fait pour) aux lecteurs et aux Français.

Prenons un exemple concret. Imaginons une mère de famille qui a besoin de travailler parce que le salaire de son mari ne suffit plus à payer toutes les charges en raison de l'augmentation du coût de la vie. Mais cette mère de famille veut aussi continuer à s'occuper en partie de ses enfants. Cette mère de famille recherche un emploi à temps partiel, idéalement un 4/5 pour pouvoir passer le mercredi, jour où il n'y a pas école, avec ses enfants. Elle ne trouve ni 4/5 ni aucun autre emploi à temps partiel. Elle est à la recherche d'un emploi et en échec de recherche d'emploi. Donc au chômage. Selon la définition de l'ANPE, les chômeurs de catégorie 2 sont les *« personnes sans emploi immédiatement disponibles, tenues d'accomplir des actes positifs de recherche d'emploi, à la recherche d'un emploi à durée indéterminée à temps partiel »*. Cette mère de famille est donc comptabilisée dans la catégorie 2. Elle ne figure pas dans la catégorie 1, la seule à être reprise par les médias.

Prenons un deuxième exemple. Un chômeur est à la recherche d'un emploi à temps plein et à durée indéterminée. Il se casse la jambe ou attrape la grippe. Il n'est donc plus immédiatement disponible pour occuper un emploi. Il est en arrêt maladie. Il passe alors de la catégorie 1 à la catégorie 4 : *« personnes sans emploi non immédiatement disponibles, non tenues d'accomplir des actes positifs de recherche d'emploi, à la recherche d'un emploi. »* Ce chômeur ne figure pas lui non plus dans la catégorie 1.

Prenons un troisième et dernier exemple. Un chômeur recherche un emploi à durée déterminé, un CDD de deux ans, espérant reprendre ensuite un cycle d'étude. Il n'en trouve pas. Il est comptabilisé dans la catégorie 3. Comme les deux autres chômeurs précédents, il ne figure pas non plus dans la catégorie 1.

Ainsi ce sont des centaines de milliers de chômeurs qui ont été retirés des statistiques phares. D'autres chômeurs bien réels ne figurent pas même dans une des 8 catégories. Par exemple un chômeur qui, désespérant de ne pas trouver de travail, finit par accepter une petite formation sans grand intérêt professionnel mais qui a le mérite de le sortir de chez lui, pour qu'il ne déprime pas trop. Ce chômeur est instantanément sorti des statistiques du chômage. Autre exemple, un chômeur est en fin de droit et ne touche plus rien des Assedics. Ayant constaté que l'ANPE ne lui a été d'aucune utilité pour retrouver un emploi jusqu'alors, il se lasse de renouveler son inscription chaque mois. Il est toujours au chômage, mais n'est plus comptabilisé comme tel. Et ainsi de suite.

Nos politico-fonctionnaires mentent. Ils mentent de plus en plus pour tenter de masquer l'inefficacité du système soviétoïde qu'ils ont mis en place. Seulement, la situation devient si catastrophique que leurs mensonges deviennent énormes. Et de plus en plus voyants.

Pour remédier à la crise, nos politico-fonctionnaires ont fait l'inverse de ce qu'il fallait faire. Ils ont accru les législations sociales paralysantes, les dépenses publiques stériles et les dépenses sociales « déresponsabilisantes ».

Pour payer une partie – une partie seulement – de ce fatras de dépenses, nos gouvernants ont multiplié les impôts et les prélèvements sociaux. Songez que, d'après les chiffres de l'OCDE concernant l'année 2004, la pression fiscale est de 47 % du PIB en France contre seulement 37 % en Grande-

Bretagne. 10 points de PIB de fiscalité de plus que dans la Grande-Bretagne travailliste ! Avec un PIB de 1 500 milliards environ, cela signifie que les Français payent chaque année 150 milliards d'euros d'impôts de plus que les Britanniques ! Cette somme est énorme. Elle permettrait de supprimer l'impôt sur le revenu, l'impôt sur les sociétés, l'ISF, et de réduire beaucoup d'autres impôts. Combien de riches entrepreneurs, de cadres performants, d'entreprises attirerions-nous si nous le faisions !

La somme de nos impôts et charges est d'autant plus démente que le moins qu'on puisse dire est qu'elle ne suffit pas. Malgré nos records d'impôts, nos gouvernants ont été aussi contraints de creuser les déficits et d'empiler des montagnes de dettes. C'est dans cet empilement de dettes que résident les catastrophes futures. Nul besoin de dons de voyance pour prévoir que l'issue sera tragique. Un peu de logique et de sens de l'observation suffisent.

De la logique : les Français en ont-ils encore ? Eux qui ont l'un des QI moyens le plus faible d'Europe selon une récente étude. 94 pour un Français moyen contre 107 pour un Allemand moyen. 13 points : la différence est significative. Elle prouve que l'Éducation nationale a déformé le cerveau des Français. L'immigration massive de personnes issues de pays où le niveau d'instruction est faible a probablement joué aussi un rôle dans l'abaissement du niveau général.

Notre système fiscal et social défavorise les travailleurs et les gens courageux. Les immigrés issus des pays sous-développés qui veulent s'en sortir et sont prêts à travailler et prendre des risques se sont installés dans les pays anglo-saxons. Les immigrés issus des pays sous-développés qui veulent d'abord bénéficier de prestations sociales gratuites sont venus en France. Nous en avons beaucoup recueilli qui ont une mentalité d'assistés. Ils ne sont pas forcément plus bêtes que les autres. Ils ont moins d'ardeur au travail. Les immigrés de bonne volonté, comme les Français qui ont le goût du travail, ont été dégoûtés par notre système.

Il ne faut pas s'en étonner : tout dans notre système social et fiscal est fait pour pénaliser ceux qui travaillent et investissent et favoriser ceux qui ne travaillent pas et ne prennent aucun risque. Nous avons récolté ce que nous avons semé : des fainéants et des planqués. Nos immigrés sont à notre image. À l'image de nos politiques. À l'image de nos votes.

Cela se terminera mal. De plus en plus de livres évoquent d'ailleurs aujourd'hui ouvertement un scénario à l'Argentine pour la France. Bienvenue au club ! Mieux vaut tard que jamais. Pour ma part, il y a longtemps que je l'ai écrit. Dans mes éditoriaux du *Figaro Magazine,* je ne cessais de mettre en lumière la folie de nos dépenses publiques et sociales, la dinguerie de nos déficits, le scandale de l'empilement de nos dettes. Mes éditoriaux gênaient. Gênaient les élites du système si contentes d'elles-mêmes. Mes éditoriaux se sont effacés. Cela a été plus facile que de s'attaquer aux tares françaises.

Mais depuis, de plus en plus d'éditorialistes, de journalistes, d'économistes évoquent pour la France un scénario à l'Argentine. Cela pourrait être un moindre mal. Depuis le passage à l'euro, la dette de l'État français tournait officiellement autour des 1 000 milliards d'euros. Elle avait atteint, subrepticement, 1 200 milliards d'euros. Avec le rapport Pébereau, elle est passée, du jour au lendemain, à 2 000 milliards d'euros. « Soudain », un rapport révélait qu'il faudrait payer les retraites des fonctionnaires. Ce que tout le monde savait. Nos énarques n'ont pas leur pareil pour mentir et truquer les comptes. Dans la foulée du rapport Pébereau, *le Figaro* évoquait même le chiffre de 3 400 milliards d'euros de dette en incluant les retraites des gens du privé.

Si nos élites lâchent parfois des chiffres qui varient dans de si fortes proportions c'est parce qu'elles savent que les Français n'y comprendront rien. L'éducation nationale ne leur a appris ni à lire ni à compter. Elle leur a enseigné des raisonnements marxistes erronés. Les Français ne se rendent pas compte que 3 400 milliards d'euros représentent plus de 20 fois la dette argentine avant que l'État argentin n'ait fait faillite ! Rappelons que l'Argentine a fait faillite avec « seulement » 167 milliards de dollars de dette. L'Argentine compte une trentaine de millions d'habitant, soit une population moitié moindre que la nôtre. Cela veut dire qu'un Français a sur son dos une dette dix fois supérieure à celle qu'avait un Argentin avant que son État ne fasse faillite. Je me demande si les Français sont dix fois plus intelligents que les Argentins, pour arriver à supporter un fardeau dix fois plus lourd ?

3 400 milliards d'euros cela fait, à 4 milliards près, 22 300 milliards de francs de dette ! Les fonctionnaires et les retraités créant peu ou pas de richesses pouvant servir à rembourser cette dette, cette somme est à répartir sur les 17 millions de Français actifs qui travaillent dans le privé. Cela fait 1 312 000 francs de dette par travailleur français du privé. C'est colossal ! Un chiffre fou. Songez que le patrimoine brut moyen (donc sans tenir compte des dettes qui le diminuent) des ménages français est de seulement 100 000 euros ou 650 000 francs. Cela veut dire que pour rembourser la dette française, l'État serait obligé de voler l'intégralité de l'épargne accumulée par tous les Français. Et que cela n'y suffirait même pas. Ce scandale annonce une catastrophe inévitable. Les Français se sont révoltés pour moins que cela. Il y aura une future révolte. Et l'État fera faillite. Le scénario le plus probable étant d'abord la faillite de l'État, puis la révolte des travailleurs, qui après avoir perdu leur épargne placée en contrats d'assurance-vie et autres produits à base d'emprunt d'État, n'en pourront plus de se voir voler du fruit de leur travail pour entretenir les retraités, les fonctionnaires et les immigrés. Ce sera le retour de la lutte des classes.

Le 14 août 1998, dans mon éditorial du *Figaro Magazine*, j'avais déjà mis en lumière « les trois fractures françaises » : *« On dénonce classiquement la « fracture sociale ». Le chômage étant une obsession bien naturelle, la fracture se situerait entre ceux qui ont un travail et ceux qui n'en ont pas. Mais la société française connaît deux autres lignes de fracture moins mises en exergue : actifs/inactifs et public/privé. »* Je n'ai hélas rien à retirer à ce texte : *« Rien d'étonnant à ce que les dépenses publiques soient chez nous plus élevées. Il faut bien entretenir inactifs et fonctionnaires en plus grand nombre. Les mêmes causes expliquent nos records en terme d'imposition. »*. Il explique toujours l'effondrement français : *« Ce problème crucial comporte un redoutable effet boule-de-neige : plus les impôts sont forts, moins la population est encouragée à travailler et à investir ; moins on travaille, moins on investit, plus il y a de chômeurs ; plus il y a de chômeurs, plus il faut prélever d'impôts. Un vrai cercle vicieux qui, s'il n'est pas brisé, ne peut que conduire à l'effondrement de notre système économique et social. »* Le cercle vicieux n'ayant pas été brisé par nos énarques de l'UMPS, le système soviétoïde français s'effondrera.

Et, répétons-le, un scénario à l'Argentine serait un scénario « rose ». Le niveau de vie des Argentins n'avait été divisé « que » par trois. Et les Argentins n'ont pas basculé dans la guerre civile. Les Français, eux, la sentent venir depuis les émeutes de novembre 2005. Des émeutes que de nombreux commentateurs étrangers ont qualifiées d'ethnico-religieuses. À juste titre. Il est incroyable que personne en France ne l'ait écrit. Cela montre combien nos médias sont verrouillés. N'importe qui, en regardant les informations télévisées, pouvait constater que les émeutiers étaient très majoritairement issus des minorités noires et maghrébines. Mais personne n'a osé le dire et l'écrire. En dehors d'Alain Finkielkraut qui s'est fâché dans un entretien donné à un quotidien Israélien. Après que le journal *le Monde* ait repris ses propos, Alain Finkielkraut a été la cible de toutes les élites françaises. Pour ne pas perdre toutes ses fonctions, (chroniqueur à Radio-France, Professeur dans une grande école, etc.), le lucide courageux, mais moins téméraire, Finkielkraut a été obligé de s'abjurer devant le procureur général Elkabach.

Plutôt qu'un scénario à l'Argentine, c'est un scénario à la Yougoslave qui risque de nous attendre : après l'effondrement de l'État, nous pourrions basculer dans une guerre civile à caractère ethnico-religieux. Ne dit-on pas souvent que les sommes distribuées dans nos banlieues servent à acheter la paix sociale ? Quand l'État aura fait faillite, quand il n'aura plus d'argent pour « acheter la paix sociale », ne risquons-nous pas la guerre sociale ? Sauf miracle, elle semble inévitable.

Le professeur d'histoire Jacques Marseille a écrit un petit livre, *Du bon usage de la guerre civile en France*. Un ouvrage optimiste. À l'image de son auteur, un ancien communiste, toujours souriant. Probablement parce qu'il a relativement bien vécu comme professeur d'Université, sans avoir trop travaillé après ses études, et sans avoir jamais éprouvé le stress de risquer de perdre son emploi. En France, la vie des professeurs d'Université n'est pas fatigante. Elle est même enviable. Elle laisse du temps pour profiter de la vie. Ce que fait cet intellectuel brillant qui, lui au moins, écrit des livres intéressants. La plupart de ses collègues ne se donnent pas cette peine. Ou n'ont pas son talent. Tout brillant et souriant qu'il soit, je me méfie de ces anciens communistes qui se sont trompés jusqu'à un âge avancé. C'est le cas du professeur Marseille : plus jeune, il imaginait un avenir radieux pour les sociétés marxistes. Elles se sont toutes effondrées. Alors quand Jacques Marseille imagine une guerre civile « larvée » qui pourrait bien nous mener aux grandes réformes nécessaires, je l'écoute d'une oreille distraite. Il s'est tellement trompé hier. Pourquoi aurait-il davantage raison aujourd'hui ? L'avenir dira si nous aurons comme il le prévoit, une guerre civile « molle » dont nous ferons bon usage. Qu'on me permette ici d'en douter.

Je crois avoir lu que Jacques Marseille a 59 ans. Il serait donc né en 1947, deux ans après la fin de la Deuxième Guerre mondiale, *Deuxième* Guerre mondiale, pas *Seconde*, j'y tiens, car nous sommes en train de vivre la Troisième ou la Quatrième contre l'islamisme ! Le Professeur Marseille n'a vécu aucune guerre. Il peut donc les envisager sereines. Il imagine *« une nation qui ne serait plus battue par les armes mais par les brevets d'innovations et les OPA hostiles »*. Je ne lui souhaite pas de vivre une guerre civile. Je ne le souhaite à personne. Je crains pourtant qu'elle se produise dans les années qui viennent. Beaucoup sortiront alors de leurs rêves. Leur réveil sera douloureux.

Le gouvernement de Monsieur de Villepin, comme les gouvernements précédents, peut reculer face aux manifestants anti-CPE et aux émeutiers des banlieues, il peut maquiller les chiffres de la croissance, de l'inflation, du chômage et de la dette. L'illusion ne durera pas.

Chapitre XIV

JUDÉO GAULLARD

Un hebdomadaire, plutôt de gauche, qui ne se vend pas mal, a jugé bon à l'avant-veille des présidentielles de publier une grande enquête : « Quand l'ultra-droite drague les juifs de France ». Macé Scaron, un journaliste qui vient, je crois, de la démocratie-chrétienne, présente l'ouvrage *OPA sur les juifs de France.* Voici la marque d'un antisémitisme, dont sont imprégnés tant de Français, aujourd'hui comme hier, consciemment ou non.

Les juifs, pour moi depuis toujours, sont des Français à part entière comme les autres, les Bretons, les Corses, les Auvergnats, que sais-je… Je ne dis pas les parisiens car ces derniers, à l'image de la France, forment un tout où baignent toutes les communautés. On y trouve des gens de droite, de gauche, du centre, des communistes, des socialistes, des réactionnaires et un peu tout le reste, aussi.

L'ultra-droite, pour Marianne, cette semaine, c'est le jeune écrivain Alexandre del Valle, le vieux général Pierre-Marie

Gallois, un des pères de la bombe atomique française, et moi ! L'objectif, paraît-il, de ces trois compères associés à quelques autres, moins coupables, est de faire voter les juifs pour Le Pen. Les juifs ? J'en ai connu, j'en connais de toutes sortes. J'ai commencé ma vie, et je m'en flattais lorsque j'en étais qualifié par la presse collabo de Paris en 1941, comme voyou judéo-gaullard.

Judéo-gaullard, je le suis resté.

J'étais déjà de droite, je participais d'une certaine idée de la France. Toute mon enfance, à l'école d'abord au lycée ensuite, j'avais vibré de tous les exploits de Jeanne d'Arc à ceux des héros de 14-18 ; heureux de toutes les victoires de mon pays, malheureux des désastres de ma patrie.

Provocateur de la manifestation du 11 novembre 1940, témoignant de la solidarité des étudiants (ceux de la corpo de Droit de l'époque, tous plus ou moins camelots du Roi), j'avais été marqué par l'accord Hitler-Staline, responsable en partie de notre défaite de 1940. Après la victoire des alliés, en 45, je restais méfiant à l'égard de l'Union Soviétique, même si je mesurais le prix que les communistes, russes et français, avaient payé leur trahison de 39, les uns dans l'enfer de la guerre, les autres dans la résistance en France contre l'occupant. Mais ils avaient attendu d'être attaqués par Hitler ! Je ne l'oubliais pas. J'avais, en 1940, dit non à la politique de collaboration du gouvernement du Maréchal, je disais non en 1945 au Parti communiste, alors singulièrement populaire en France (35 % de voix aux élections en 1946) !

Lorsqu'un réfugié politique soviétique Kravchenko choisit la liberté, je le soutins. À Paris, c'était un grand défi. À Londres, Arthur Koestler (l'auteur du *Yogi et le Commissaire*) le soutenait de toute sa célébrité. Mais, c'était Outre-Manche ! À Paris, Koestler était jugé sévèrement, la liberté de penser et d'écrire n'était pas la même qu'en Grande-Bretagne. À Paris, il ne reste plus rien aujourd'hui du vacarme de l'époque que la pièce de Sartre, Nébrassov, qui eut un grand succès et fut d'ailleurs reprise en 1993 ! plus personne ne sait qui fut Kravchenko. Pour ma part, j'avais conforté ma réputation d'être de droite, osant soutenir un adversaire de Staline ! Pour ses adorateurs je fus donc et reste l'ennemi !

Entré en politique au service de ma passion, la France, j'allais toujours tenter de convaincre mes interlocuteurs quels qu'ils soient d'agir comme moi, pendant la guerre d'abord ; ensuite de défendre les couleurs de la France partout où se posait problème : Indochine, Afrique du Nord... enfin de voter Gaulliste comme moi. Je ne faisais du reste, dans mes professions de foi, pas de différence, que je sois en Alsace, dans le Périgord, en Bretagne, ou en Normandie... à Paris ou plus tard dans le Val-de-Marne.

J'ai eu l'occasion d'évoquer mon gaullisme intransigeant des origines, cahoté par la suite, retrouvé enfin à la lecture des maximes de Richelieu sur la guerre civile.

Les juifs, dans tout ça ? Pour moi, je le répète, des Français comme les autres, avec comme les autres des qualités et des défauts particuliers. Mon père qui souhaitait que son fils connaisse la langue de l'ennemi m'envoyait en Allemagne pendant les vacances en 1937 et 1938. Je venais de passer mon premier baccalauréat. Je rentrai de Cologne où je m'étais fait de nombreux camarades allemands – certains faisaient partie comme tous les autres là-bas des jeunesses hitlériennes. J'avais été surpris pendant mon séjour et un peu ému des petites nuits de cristal dont ils se vantaient devant moi lorsqu'ils avaient détruit des vitrines de magasins juifs.

Rentré à Paris, ma sœur Renée Steve Passeur pour fêter mon bachot et la sortie d'un film dont son mari, Steve Passeur, avait écrit les dialogues, « Le Paradis Perdu », organisa un dîner chez *Maxim's* ou figurait Micheline Presle (qui ne s'en souvient sans doute pas). Il était présidé par le ministre de l'Éducation nationale de l'époque Jean Zay. Tout fier de moi, évoquant mon récent séjour Outre-Rhin, je décrétais : « l'Allemagne va faire la guerre ». Jean Zay laissa tomber : « Hitler bluffe ! » Je me tus. Je raconte cette anecdote avec tristesse lorsque je songe au sort et à la mort de mon ministre de l'époque. Deux ans plus tard, je tentai de convaincre le vieux professeur de philosophie Van Biema que j'avais eu à Paris au lycée Buffon en 1939. Disciple de Boutroux, rappelé en activité, les jeunes professeurs étant mobilisés, il avait pour moi une grande indulgence encore qu'il considérât mes dissertations philosophiques comme trop littéraires. Il me présenta tout de même au concours général. Il était juif. J'allai lui rendre visite fin 1940 après la défaite et je tentai de le convaincre de partir, au moins en zone libre. Il haussa les épaules. Il croyait ne rien risquer.

Dans l'appartement de mes parents, seul garçon de la famille, j'occupais une chambre relativement indépendante parce que bénéficiant d'une entrée particulière. Lorsque je disparus de Paris, ma sœur Renée demanda à ma mère d'héberger une de ses amies du show-business (on n'utilisait pas ce mot à l'époque) juive qui devait se cacher. Ma mère accepta. Cette jeune femme, inconsciente, se faisait attendre tous les jours devant le 26 de la rue Godot par un vélo-taxi. Dans le quartier, tout le monde connaissait la juive de Madame Griotteray, formule utilisée même au commissariat de police. Cela dura quelques mois, jusqu'au jour où ma mère lui fit remarquer qu'il valait mieux qu'elle parte… son fils avait disparu, une de ses filles, imprudente, s'était fait remarquer à l'école en dessinant sur les murs des croix de Lorraine ! Il valait mieux aller quelque part dans le midi.

Quant à moi, je fis une expérience un peu triste qui m'ouvrit les yeux. En mars 1941 à Marseille, mon ami Raoul Henri Maillard, membre de mon réseau, me demanda, alors que je venais lui confier mon désir d'aller voir comment fonctionnaient mes camarades à Paris, si j'accepterais d'emmener sa femme avec moi, auquel cas il prendrait mes frais de voyage à sa charge. Ce qui fut fait. L'aller fut relativement facile. Quinze jours plus tard, la mission terminée à Paris, nous repartîmes vers Libourne où je prévoyais de passer la ligne de démarcation. Sur la route, nous rencontrâmes une jeune hollandaise, blonde, au visage rond dont je ne pensais pas qu'elle était juive. Depuis, je fais la distinction entre ashkénaze et sépharade.

Elle était perdue. Quitte à faire passer en fraude la ligne de démarcation à une vieille dame (Madame Maillard avait 45 ans passés, moi j'en avais dix-neuf), je me chargeai de cette deuxième représentante du sexe faible. Tout se passa bien. Le soir, nous nous arrêtâmes dans une auberge. Bavardant après le dîner, la jeune femme fit apparaître une chaînette qu'elle avait autour du cou et à laquelle pendait une étoile juive entre ses seins.

« Voilà, ce qui me protège depuis Amsterdam » me dit-elle, ajoutant « mais, vous Alain, vous êtes juif aussi ? » Je lui disais ma surprise qu'elle le supposât. Elle eut alors cette exclamation qui me frappa au cœur et que j'entends encore : « Mais, alors, pourquoi m'avez-vous aidée ? »

Dans mes *Mémoires*, j'ai rendu compte de mes relations avec l'État d'Israël. Depuis mon soutien dans l'affaire de l'Exodus où je n'hésitai pas à compliquer mes relations avec les anglais, puis mes voyages nombreux, officiels lorsque, le premier en Région Ile-de-France, je jumelais la ville de Charenton dont j'étais le maire avec Zikron Yakov.

Je me souviens du jour inaugural à Charenton. Le drapeau d'Israël flottait sur la mairie. Certains disaient « Griotteray est imprudent, il est fou, c'est une provocation ». Ce fut une réussite imitée ensuite par bien des communes.

J'ai publié le compte rendu d'un de mes voyages en Israël

sous le titre « Retour d'Israël » préfacé avec émotion, sympathie, amitié par l'ambassadeur Ovadia Soffer.

Mon voyage avait pour objectif l'étude de « l'absorption » par Israël de deux millions de juifs russes dans les années quatre-vingt-dix. Mon livre eut plus de succès en Israël qu'à Paris tant il est vrai que les Français vivent sur des idées reçues. Je relis quelques phrases d'un entretien après que, non content d'avoir rencontré des juifs venus de Russie, je constatai la façon dont les pouvoirs publics accueillaient et « absorbaient » les quinze mille Éthiopiens, noirs juifs, atteignant après bien des avatars la Terre Promise. En plus des réunions pour leur apprendre l'hébreu, il était nécessaire, me dit-on, d'organiser des séances où ils découvraient l'Histoire juive. Ils ont sept siècles de retard ! il faut qu'ils sachent ce qui est arrivé à leur peuple ! m'expliquait-on.

« En somme, observai-je avec ironie, vous leur apprenez que leurs ancêtres… les Gaulois… » C'est un enseignant israélien qui n'est pas d'origine française qui répondit à mon humour.

« Je pourrai me contenter de vous dire oui ; nous leur enseignons comme vous que leurs ancêtres les Gaulois, etc., mais avec une différence, c'est que pour eux, c'est vrai. J'ajouterai, Monsieur, que vos instituteurs de la troisième république ne cherchaient pas à faire croire aux petits africains ni aux petits arabes qu'ils descendaient des grands gaulois blonds, ils voulaient leur faire comprendre qu'ils entraient dans une civilisation qui, venue des Gaulois, des Romains, des Grecs, des juifs aussi, s'ouvrait à eux grâce à la France et à la langue des français. Ça vous fait rire, Monsieur, mais grand Dieu, quelle époque, quelle civilisation, quels hommes, quels maîtres vous aviez ! »

Je pensai, je pense encore aujourd'hui, quelle leçon !

Bien entendu, je suis d'une droite extrême puisque je regrette ces temps bénis, pour certains je suis donc antisémite.

Il est en tout cas exact que je souhaite que le plus grand nombre de Français de religion juive ou non comprenne que l'avenir est dans un grand regroupement de ce que les autres appellent la droite, qu'elle ait le visage du général Gallois, le mien ou celui du général Darmon et de Goldnadel, tous deux présidents successifs de France-Israël. Je ne fais pas partie de cette association alors que Darmon me le suggéra il y a longtemps. Je n'ai jamais recours à ce type d'organisme où figurent trop de membres uniquement soucieux d'annoncer la couleur dans le but de bénéficier du vote de certains juifs, mais je sais qu'il y a des juifs de droite nombreux qui aiment la France comme moi, comme il y en a d'autres de gauche qui n'apprécient pas toujours Israël à sa valeur.

Le Pen sait ce que je pense. Il sait, je le lui ai dit, que je suis aussi choqué par ses réticences à parler comme nous de l'antisémitisme hitlérien abject et diabolique, que lorsque d'autres laissent croire à nos enfants que les Français participèrent aux déportations. J'ai dit diabolique, en référence au diable, car c'est la formule qu'employa le cardinal Lustiger lorsqu'un journaliste lui demanda avec ironie « Croyez-vous au diable, Monseigneur ? ». Oui, répondit le cardinal, et l'autre encore plus moqueur d'insister « L'avez-vous rencontré ? » Oui, réaffirma le prélat. « Où ? » à Dachau, à Ravensbrück, à Buchenwald !

Le Saint-Père a jugé que le génocide des juifs est un crime inexpiable – je m'en tiens là ! Mais mon pays n'a pas participé à ce crime qui fut celui du peuple allemand. Cela étant dit, je suis de droite et je souhaite l'union de toutes les droites.

Chapitre XV

LA JEUNESSE

J'aime entendre parler de la jeunesse. Cela me rappelle les temps où l'on parlait de la mienne. Tout ce que j'entendais ne correspondait à rien de ce que je pensais. Il y a toujours tant de jeunesses à la fois et les sondages n'y peuvent rien. La police se heurte aujourd'hui comme hier aux voyous. Il y a toujours eu des voyous. C'est la façon dont on les désigne qui varie. Il n'y a de nos jours ni plus ni moins de jeunes qui tournent aux voyous qu'il n'y en avait dans toutes les générations. La proportion des bons et des mauvais jeunes reste sans doute la même. Mais aujourd'hui il y a en France soixante millions d'habitants, il y en avait à peine quarante lorsque j'étais enfant.

Ils sont donc plus nombreux qu'hier. Lorsque les adultes ne savent plus où ils en sont, leurs enfants désemparés sont prêts à suivre n'importe quel prophète, à prendre n'importe quelle drogue. Je me souviens, lorsque la France s'effondra, « la jeunesse » comme on dit se retrouva à l'affût de toutes les hérésies. Il n'y avait plus rien. Elle se répartit comme toujours, aujourd'hui comme hier, entre ceux qui ont besoin de sacrifices (j'en étais) et le plus grand nombre qui assure sa survie. À mon époque, il y eut ceux qui, de la débâcle à la Libération, poursuivirent leurs études, ceux qui acceptèrent le STO parce qu'il était dans leur nature de se soumettre à la loi. Il y eut aussi ceux qui accomplirent un destin dans la France Libre, dans la Résistance, dans la première armée, et ceux qui de bonne foi, parfois, choisirent une autre route et s'égarèrent jusque dans la LVF.

Tous n'étaient pas déchirés par la nécessité du choix. Il y eut, je vois encore leur crinière et leurs chaussures à semelle de bois, ceux qu'on appelait les J3, les Zazous… Puis, se manifesta une nouvelle France combattante, une jeunesse que la IVe République envoya guerroyer pour la France et pour la liberté en Indochine puis en Afrique du Nord. Ces jeunes y croyaient, même si à Paris l'opinion les abandonnait, séduite par la course des peuples désireux de se libérer de la présence française.

Quel que soit le moment de ces cinquante dernières années auquel je m'intéresse, je trouve toujours les mêmes catégories. Je trouve toujours à côté des voyous, une jeunesse dont on parle peu, prête encore à obéir, à côté de celle qui impavide prépare son avenir, comme disaient les parents autrefois, sans se préoccuper du tumulte qui l'entoure.

Ce fut le moment des plans de carrière, où l'ENA prenait possession de la France. Chaque apprenti énarque s'imaginait en Giscard, puis peu à peu disparurent les lignes de force de la France.

Des dirigeants de rencontre se préoccupèrent du sort de ceux qu'on n'envoyait plus au combat ; plus de guerre pour les occuper. Il fallait donc que tous reçoivent une éducation égalitaire. Tous seraient bacheliers, ainsi ils pourraient s'épanouir dans une société idéale. S'ils n'eurent pas à la sortie du lycée une qualification, c'était la faute de l'Éducation nationale. La pauvre n'y était pour rien. Chacun sait que dans la jeunesse de notre pays, comme dans celle de tous les autres, un pourcentage important n'est pas fait pour la scolarité traditionnelle. Nos anciens avaient décrété qu'il fallait connaître l'orthographe, les quatre opérations et ensuite apprendre un métier. L'apprentissage commençait à quatorze ans. L'apprenti, contrairement à l'étudiant, gagnait alors sa vie. Aujourd'hui condamné à rester au lycée, ces jeunes gens à dix-huit vingt ans n'acceptent plus ni discipline, ni apprentissage, alors que souvent ils seraient, plus que d'autres réussissant leurs études, doués pour les métiers manuels. Ainsi se fabriquent désormais au lycée des analphabètes dans les banlieues et ailleurs. Ce ne sont plus des enfants, ces garçons de dix-huit à vingt-cinq ans qui débouchent dans la vie dans des conditions qui les orientent vers les petits délits d'abord, puis vers les grands. Ils se sentent isolés, ils se regroupent et naissent les bandes. Les autorités découvrent le mal des banlieues, celui des années quatre-vingt-dix, quatre-vingt-quinze qui n'a fait qu'empirer d'autant que le service militaire a disparu. Les nouvelles armées du reste professaient n'avoir pas besoin d'analphabètes.

La gauche a toujours des propositions à faire, des jardins sur la lune à proposer. Quant à la droite, lorsque le pouvoir lui échoit, elle gère l'ingérable en refusant d'ouvrir les yeux. Elle n'exprime plus d'espérance ; car si la société française est malade, elle s'efforce de cacher sa maladie aux Français. On ne veut pas qu'ils sachent de quoi ils souffrent.

Lorsqu'un Philippe de Villiers ose proposer quelque chose, il se fait accuser de chercher à voler l'électorat de Le Pen. Et après tout, cet électorat en vaut un autre. De quel droit ose-t-on en démocratie rejeter quelque quinze à vingt pour cent de Français sous le prétexte qu'ils refusent l'attitude des pseudos bien pensants et qu'ils cherchent ailleurs des réponses aux questions paralysant le politiquement correct.

Les médias parisiens en ce mois de mai 2006 condamnent la Pologne qui ose faire entrer dans la majorité gouvernementale ce qu'ils appellent l'extrême droite et les catholiques ultras ; étrange conception de la démocratie dans les colonnes des quotidiens d'un pays qui crut un instant l'inventer.

En ces premières années du troisième millénaire, les jeunes français se répartissent comme toujours entre les plus doués. Ils ont tendance hélas à aller chercher ailleurs dans le monde ce qu'ils ne trouvent plus chez eux ; les moins doués, eux, se contentent de chercher dans les rues les occasions de « s'éclater », d'autres enfin sont prêts à suivre de nouveaux bergers qui les aideraient à retrouver les chemins de l'avenir.

Je lisais l'autre jour un petit livre retrouvé dans ma bibliothèque *Pourquoi pas la Patrie ?* d'un certain Henri Spade. Il écrit que les enfants d'aujourd'hui ne comprennent même plus notre histoire lorsqu'on l'évoque devant eux. Les sentiments, les idées, les valeurs qui étaient les nôtres leur seraient étrangers. Je tiens à rassurer l'auteur, et à me rassurer en même temps en songeant qu'il reste toujours une minorité, comme jadis, comme en 40, qui ressemble à ses anciens comme des frères et je sais que ce sont les minorités qui font avancer l'Histoire. Minorité ! Réveille-toi.

Chapitre XVI

HONNEUR ET PATRIE

Réagissant à un propos malheureux de Pierre Mauroy, je publiai dans les années quatre-vingt un livre dont Henri Amouroux me donna le titre *La droite était au rendez-vous.* Mon ambition était de remettre les idées à l'endroit. La légende voulait en effet que la gauche ait été résistante, la droite vichyste et collabo. Je ne suis pas sûr d'avoir réussi à convaincre l'opinion. Le livre eut du succès. Epuisé, il fut réédité avec un titre moins agressif : *Qui furent les premiers résistants ?* J'ai la satisfaction de constater dans les ventes publiques qu'il interpelle les lecteurs, jeunes pour la plupart. Comme on n'enseigne plus l'Histoire, la curiosité pousse nombre d'entre eux à s'informer. Mais je suis loin du compte, d'autant que longtemps les hommes politiques qui n'étaient pas de gauche n'osaient même pas se dire de droite !

En 1973, un journaliste m'interpella. Dès les premiers mots de l'entretien, il me dit : « Vous avez cinquante ans. Votre itinéraire politique suggère dans l'opinion l'image d'un homme de droite sans complexe, ça n'est pas banal ! »

J'ai retrouvé ma réponse. Je ferais la même aujourd'hui. « Si elle assimile le patriotisme à la droite, l'opinion publique a raison. Mais en 1792, j'aurais été à Valmy, en 1870, j'aurais été avec le Commandant Rossel, les communards et Clémenceau, je me serais retrouvé avec lui en 1917, ce qui ne m'empêche pas de juger sévèrement ses erreurs lors du Traité de Versailles, son acharnement contre l'Autriche-Hongrie catholique.

En fait, en 34, j'avais une dizaine d'années, je me sentais proche des ligues nationalistes qui manifestaient à Paris. En 38, j'étais antimunichois. Vous le voyez mes réactions sont simples, j'aime ma famille, j'aime mon pays. Comme Camus, je suis toujours du côté de ma mère. Si on l'attaque, je la défends. En 1940, l'agitation estudiantine fut mon premier acte public d'opposition à l'occupant. Comme dit la chanson, « les Allemands étaient chez moi, on m'a dit résigne-toi, et j'ai pas voulu et j'ai repris mon arme ! » (Je l'ai chanté un jour invité sur France Inter !)

Je me faisais, je me fais toujours une certaine idée de la France. Si c'est cela être de droite, je suis de droite parce que pour moi la droite fut et demeure une école de courage et de patriotisme.

Il redevient à la mode d'évoquer l'œuvre de Marguerite Duras. Elle, dont à mes yeux la vie et la réputation sont le symbole des falsifications historiques, orchestrées médiatiquement, qui pèsent sur notre vie politique. Je n'hésite pas à affirmer que le procès Papon, l'illustre Papon, sous-préfet de Vichy, ministre RPR de Raymond Barre, donc pétainiste et gaulliste, est le symbole pour une certaine opinion telle qu'on la fabrique de toute la droite, pétainiste et gaulliste !

Un procès surmédiatisé, très peu d'histoire et de droit, quelques approximations : une condamnation. Le voilà estampillé « salaud » par la justice française. La gauche conclut que les jeunes générations assimileront les salauds et la droite ! Peu de réactions à l'époque.

Messmer, témoin évidemment courageux, au procès, Philippe Seguin dans la presse, osèrent dire le contraire mais leurs témoignages furent effacés comme ceux des résistants les plus célèbres des temps de l'Occupation. Résistants ? Oui, mais gaullistes… comme Papon !

Laure Adler, à propos d'une biographie de Marguerite Duras, lança une polémique sur les liaisons dangereuses entre le stalinisme et les intellectuels français. Elle levait tranquillement le voile qui dissimulait le comportement de Marguerite Duras sous l'Occupation, contribuant à rétablir la vérité.

Je la cite : « Elle a toujours minimisé son rôle, prétendant avoir été une petite secrétaire. Mais c'est faux. Jusqu'à fin 1942, elle a collaboré à un organisme dirigé par les Allemands ! » Ça n'était pas fatalement coupable, il fallait bien gagner sa vie, mais elle s'imposa à la Libération comme une grande résistante !

Voilà un exemple d'imposture réussie par le Parti communiste. De nos jours, depuis l'effondrement du régime soviétique, ces choses sont oubliées et négligées. Le rôle du Parti communiste en France aux ordres de Moscou n'a plus d'importance puisqu'il n'existe plus. Qu'il ait eu ou non soixante-quinze milles fusillés importe peu à l'Histoire telle qu'on l'ignore. Nul ne rappelle que le total des fusillés français ne dépasse pas trente mille (et c'est déjà beaucoup trop) et que les premiers fusillés furent Bonsergent, Doornik, Barbier, d'Estienne d'Orves, ils étaient tous de droite.

Il ne s'agit naturellement pas de réveiller des querelles anciennes, mais de souligner les erreurs délibérées de l'Histoire telle qu'on la raconte. Il a fallu deux siècles pour qu'enfin les Vendéens soient réhabilités. Ils se battaient pour Dieu, pour la liberté et pour le Roi. Ils furent victimes du massacre dit de « la terre brûlée » longtemps caché par les historiens de la République et qui n'acquit une réelle notoriété que lors de la visite de Soljenitsyne en Vendée. Il faudra des années pour que les Français comprennent peut-être l'époque quarante. Du 23 août 1939 au 23 juin 1941, le Parti communiste n'était pas du bon côté. Le 24 août, l'Humanité approuvait le pacte germano-soviétique, puis durant l'offensive allemande les communistes multiplièrent les appels à la désertion et au sabotage des usines d'armement. Le 14 juillet 1940, l'Humanité saluait la fraternité franco-allemande. Les communistes, ai-je dit, ont payé si cher cette trahison que je souhaite l'oublier mais je supporte mal leur comportement lors de la Libération et la façon dont ils ont contribué à l'assombrir par les excès de l'épuration dignes de la milice.

Quant aux socialistes, dont il faut bien parler puisqu'ils représentent dit-on la gauche « résistante », par rapport à la droite, ils eurent le plus souvent une attitude défaitiste et collaborationniste.

Au début des années trente, leur haine (ou leur peur de la guerre) était plus forte que leur refus de l'hitlérisme. Ils cherchaient à donner à notre diplomatie une orientation pro-allemande. Ils découvraient les traits du socialisme (il y en a) dans le national-socialisme. Christian Jelen a découvert les convergences soulignées dans son livre *Hitler et Staline* : dirigisme économique, mesures antitrust, organisation de la vie collective, rejet de l'individualisme. Et si le Maréchal (de droite bien sûr) reçut les pleins pouvoirs, c'est une assemblée de gauche, celle du Front Populaire qui les lui vota ! Et la gauche fournit les gros bataillons de la collaboration. De Raymond Abellio (plein de talent) à Ludovic Zoretti en passant par des hommes aussi doués que Georges Albertini, René Belin, Gaston Bergery, René Château ou Charles Spinasse, les origines sont toujours les mêmes. Journalistes, chefs de partis, tous ces ténors de l'époque vichyste venaient du parti socialiste, du Parti communiste ou étaient issus du syndicalisme.

Jean Luchaire était un homme de gauche, Jacques Doriot fut un espoir du Parti ommuniste, Marcel Déat l'homme du RNP qui dirigea l'Oeuvre sous l'occupation fut député SFIO de la Marne, Pierre Laval fut député et ministre socialiste. Il appliqua une politique qui rappelait Aristide Briand dont il est permis de se demander quel aurait été son rôle s'il avait vécu pendant l'Occupation ?

Je me rappelle ces comportements des années les plus sombres car je souhaite que l'Histoire telle qu'on devrait la conter aux enfants échappe aux manipulations de la gauche sans tomber pour autant dans les lâchetés de la droite, avant, pendant et après la guerre de 39-45. J'ai souvent écrit que je préfère Jeanne d'Arc à l'évêque Cauchon et je m'en tiens là, sans être tenté de refaire le procès des uns et des autres.

J'aime qu'on honore les héros et qu'on oublie les collabos. J'ai la fierté d'avoir réalisé un téléfilm sur Honoré d'Estienne d'Orves. Je l'ai revu. Il incarne de façon si singulière le héros sans peur et sans reproche de l'imagerie traditionnelle de l'Histoire de France que l'on ne peut parler de lui, de sa vie, de sa mort, de sa foi, de son sacrifice sans un peu de gène, d'embarras et de pudeur.

Il bouscule trop les idées fabriquées et reçues aujourd'hui où les hommes comme lui, je le crains, n'existent plus.

Dieu, la famille, la patrie, c'est la devise de Vichy, dit-on, que l'on tente d'assimiler à la capitulation voire la collaboration, au fascisme qui passe… et pourtant cette fière devise, Estienne d'Orves quelques jours avant sa mort voulait la transmettre à sa famille. Je me fais un instant son interprète auprès des Français qui me liront.

Chapitre XVII

L'ESCLAVAGE À TOUTES LES SAUCES

J'ai eu jadis un serviteur noir sénégalais qui trouvait auprès de moi comme une suite des fonctions d'ordonnance qu'il avait eues dans l'armée.

Surpris, un matin, de son peu d'empressement à accueillir avec moi des amis antillais, il me dit en confidence : « Je ne veux pas de relation avec ces gens-là. Ils descendent de ceux dont nous nous sommes débarrassés en les vendant aux blancs qui les emmenaient en Amérique ! ». En cette année, en ce jour où des gouvernants français de rencontre célèbrent à une date artificielle la disparition de l'esclavage, il est choquant qu'on n'explique pas aux enfants d'aujourd'hui l'origine de l'esclavage, en Europe, en Afrique et ailleurs. Or désigner des responsables et ne pas expliquer d'où proviennent ces usages qui nous révoltent à juste titre de nos jours est insuffisant.

La politique « mémorielle » a curieusement choisi le 10 mai alors que c'est le 27 avril 1848 que fut aboli définitivement l'esclavage en France. Il s'agit dans l'esprit des organisateurs de la manifestation de se solidariser avec les activistes de la fausse mémoire et de la défense des noirs qui résident en France, comme si les noirs chez nous descendaient des victimes de la traite fournissant une main-d'œuvre aux Amériques. Une telle journée eût été l'occasion d'expliquer le phénomène condamné, et de dire qu'il venait de l'Histoire ancienne, de l'Europe, mais surtout du Moyen-Orient et de l'Afrique !

Évoquer les esclaves de la Grèce antique ou des Romains implique d'expliquer qu'ils étaient des prisonniers faits à l'issue de guerres gagnées. L'esclavage fut même un temps un progrès aux yeux de certains car il remplaçait l'extermination automatique des vaincus. C'est ainsi que va l'histoire des hommes. Et sans doute vaudrait-il mieux, pour l'éducation des nouvelles générations, évoquer ceux qui luttèrent au cours des temps pour que ces pratiques disparaissent.

Une présentation raisonnable décrirait l'évolution lente des esprits sous l'influence du christianisme et les méthodes auxquelles les autres religions dont l'Islam sont restées attachées à un point tel que l'esclavage n'a disparu ni au Soudan, ni au Niger, ni en Mauritanie qui l'abolit officiellement sans rire tous les vingt ans ! Les Africains, musulmans ou non, ont une certaine audace lorsqu'ils attendent des excuses pour des crimes dont ils étaient les auteurs, les complices et que souvent ils commettent encore.

Les occidentaux et les autorités françaises qui connaissent les chiffres publiés par le Haut-commissariat des États-Unis – plusieurs millions d'esclaves dans le monde – feraient mieux de lancer une campagne pour que cesse ce qui est affirmé à juste titre comme un crime contre l'humanité. Ils devraient célébrer les associations humanitaires dont le but aujourd'hui est de racheter les esclaves comme le firent jadis les congrégations religieuses. Au Soudan, l'une d'entre elles a racheté récemment un millier d'esclaves à raison de cinquante dollars par tête dans la province de Mar el Chazal !

J'ai eu le privilège de célébrer sur Radio Courtoisie la mémoire de Charles de Foucauld qui se consacra notamment à la délivrance d'esclaves au Maroc !

Le Figaro, timidement, a rappelé les razzias en terre chrétienne par les Barbaresques en Méditerranée du seizième au début du dix-neuvième siècle, et signalé deux livres, l'un d'un journaliste anglais Giles Milton *Captifs en Barbarie* et *L'Esclavage blanc en Méditerranée ; Esclaves chrétiens et Maîtres musulmans* de Robert C. Davis. Certaines pratiques laissaient penser que l'esclavage des chrétiens répondait à une volonté d'humilier, une sorte de choc des religions, « avoir des esclaves chrétiens », remarque Olivier Pétré-Grenouilleau [1], « était une manière d'affirmer la primauté de l'Islam ».

Lorsqu'on étudie ces temps où l'on constatait tant d'habitudes coupables et néfastes, on voit qu'à Malte les responsables occidentaux possédaient des esclaves musulmans. C'est Bonaparte qui les fit libérer lorsqu'il occupa l'île. Comme quoi, il ne faut pas le condamner trop vite : les Français peuvent célébrer Austerlitz !

En fait, en ce qui touche l'esclavage, c'est la traite des noirs qui est condamnable : elle fut le fait d'une minorité de nos compatriotes qui armaient des navires, allaient « acheter » dans certains ports africains à des chefs noirs du « matériel humain » revendu aux colons en Amérique comme main-d'œuvre. Ces acteurs d'un étrange commerce constituaient une petite minorité de nos compatriotes habitant Bordeaux et surtout Nantes dont ils firent la fortune.

Faut-il pour autant détruire Nantes ? Ces trafiquants s'apparentent aux hommes du marché noir sous l'Occupation en 1939-1945. Aux grands qui firent fortune et souvent s'en tirèrent en échappant à l'épuration qui frappait à tort et à travers

[1] Historien sur les traites négrières.

les petits trafiquants qui tombaient sous la main d'épurateurs ne valant souvent pas mieux qu'eux.

Je l'ai dit : dans tous les moments de l'Histoire, il y a des héros, des lâches, des collabos et des profiteurs !

Je souhaite qu'on célèbre les héros et qu'on oublie les autres.

Il n'y a pas en France de noirs descendants de la traite sauf si l'on s'arrête un instant aux Français des Antilles. Ils sont accueillis en France comme des Français et trouvent plus facilement que quiconque des emplois dans l'administration. Il suffit de circuler dans Paris pour constater le nombre de gardiens de la paix ou d'agents de la circulation qui nous viennent des Antilles.

Si on veut instruire les Français, présentons-leur l'histoire du servage qui sévit en Europe et singulièrement chez nous jusqu'au dix-huitième siècle. Combien de Français de notre temps ont des serfs dans leurs ancêtres ! C'était une condition intermédiaire entre la liberté et l'esclavage de l'antiquité ; les choses avaient évolué au seizième siècle dans les colonies Européennes d'Amérique bien avant que soit acceptée aux États-Unis la condition d'homme libre. Contrairement à l'esclave, le serf jouissait d'une certaine protection légale.

Le système, sous le nom de colonat, fonctionnait dans l'Empire romain. Les conquérants germaniques le maintinrent. Au huitième siècle, l'esclavage disparut sous l'influence des enseignements de l'Église catholique. L'esclave devint une personne : le serf était attaché à la terre mais libre. Il devait à son maître simplement un hommage semblable à celui du vassal à son suzerain ! La notion d'homme libre ne s'imposa qu'avec les philosophes du dix-huitième et du dix-neuvième siècle !

En fait, le type médiéval du servage disparut dans la plupart des régions de France au lendemain de l'an 1 000. Le pouvoir royal joua un grand rôle dans l'affranchissement total des serfs. Par l'édit d'août 1779, Louis XVI affranchit les derniers serfs du domaine royal et invita les seigneurs à en faire autant. Nos voisins furent plus lents. Voilà un motif de célébrer la France et d'apprendre aux immigrés que tout peuple a un passé, que les origines de tous les hommes furent souvent difficiles. Qu'il vaut mieux préparer l'avenir en célébrant le progrès ; les Français, contrairement à ce que d'aucuns prétendent, furent à l'origine de la plupart des progrès dans le monde. Pas tous les Français bien entendu, mais ce sont eux qui le mirent en marche et tous devraient s'en souvenir quelle que soit la couleur de leur peau… La volonté de certains de s'escrimer à noircir à tout prix l'Histoire de France s'efforce de dissimuler ou d'excuser leurs propres crimes derrière une histoire fabriquée en développant des complexes de culpabilité dans un pays déjà malade de toutes les erreurs réelles ou inventées de son passé.

Chapitre XVIII

LA DISCORDE ET L'UNITÉ

L'hystérie des médias français, à de rares exceptions prés, autour de l'affaire Clearstream, fait négliger sinon oublier tout le reste ; le scandale est le propre de l'agitation dans les démocraties. Ceux des tyrannies ne se révèlent qu'après leur chute. La presse de notre pays signale avec satisfaction les comportements discutables de la CIA, du FBI aux États-Unis et les faiblesses des bras droits ou gauches de Tony Blair en Grande-Bretagne. Mais s'ils accordent à ces sujets des titres en troisième ou quatrième pages, ils laissent la priorité absolue à ce que d'aucuns n'hésitent pas à considérer comme la fin de la République, la fin de Chirac. Tout est dit, décrit. Les documents les plus secrets sont publiés sans vergogne. Accusés ? Tous les hommes au pouvoir et quelques-uns de l'opposition, pour faire objectif. Les chaînes d'information des télévisions publiques et privées dépendantes laissent la presse écrite loin derrière elles. Toutes fonctionnent selon la donne fixée par le journal *Le Monde* chaque soir. Les Français, n'ayant pas de mémoire, se souviennent à peine des glorieux scandales socialistes qu'un

UMP ou un autre rappelle de temps en temps prudemment sans faire grand bruit à l'Assemblée Nationale. Les pires avatars du règne de François Mitterrand sont rarement évoqués. De toute façon, cela ne servirait à rien, la France vit la mort de la Ve république chiraquienne et gaulliste !

Fin du gaullisme ! ce sont les derniers mots que j'entendis hier soir, 13 mai 2006, à la télévision sur je ne sais plus quelle chaîne avant de m'endormir. Le 13 mai ? L'anniversaire justement de la fin de la quatrième ! En France, il y a toujours une république en train de mourir, la troisième se singularisait par le tintamarre des médias. Nul ne rappelle les mésaventures de son personnel politique. Sans remonter à ses origines, elles étaient riches d'agitations du type de l'affrontement Sarkozy-Villepin. Souvenons-nous des querelles, des rivalités d'hommes, dans la majorité de l'époque. Alors que le péril allemand grandissait, la France frémissait de l'agitation à l'intérieur du Parti Radical, de la « guerre des deux Édouard », comme on appelait alors la rivalité d'Édouard Herriot et d'Édouard Daladier ! Cela permettait d'effacer l'affaire Stavisky qui avait mis le peuple dans la rue, anciens combattants en tête… À l'époque, il n'y avait pas d'unanimité dans les rédactions. Les journalistes s'affrontaient droite contre gauche. Certains affrontements sous le Front Populaire utilisant révélations, rumeurs, mensonges sur le passé de Roger Salengro, aboutirent au suicide du ministre de l'Intérieur !

Je ne pense pas que nous soyons menacés de tels excès, encore que la justice et les juges semblent de nos jours compromis eux aussi. La troisième république, là encore donna l'exemple. Souvenons-nous de la mort du conseiller Prince, jamais éclaircie, et celle aussi étrange du héros de la tragi-comédie Stavisky, suicidé de façon opportune. Bien avant, dès l'origine, le régime avait été menacé par la popularité rarement dépassée du général Boulanger. Menace de coup d'État ! L'homme préféra mourir de sa propre main à Bruxelles sur la tombe de la femme qu'il avait aimée. Le cimetière d'Ixelles remet aux visiteurs une brochure rappelant à quel point la France s'est mal conduite à l'égard de ce grand soldat. Et puis, il y eut l'affaire Dreyfus ! Celle-là résonne dans la mémoire collective. Le fait que l'officier injustement condamné ait été juif offre un sujet permanent permettant à ceux qui mettent toujours la France en accusation d'exploiter un bon filon. Je passe sur Panama, l'affaire Imbert et tant d'autres.

Tous ces soubresauts se produisaient toujours lorsque l'Europe sortait d'une guerre ou en préparait une autre. La France, affaiblie, paya très cher ces erreurs de l'opinion. Elle se prépare à payer très cher ses fantaisies d'aujourd'hui.

Ces épidémies ne sont pas une spécialité républicaine ! La France a toujours eu le secret de ces guerres civiles larvées opposant les ambitions des uns à celles des autres, livrant, à force de luttes intestines, le pays à l'ennemi de l'extérieur. Toute notre Histoire résonne de ces tragi-comédies et des sursauts qui remettent chaque fois la France en selle ! Une querelle permanente entre ceux qui n'éprouvent qu'égoïsme, jalousie, ambition, et d'autres qui toujours cultivent une certaine idée de la Patrie. Ce n'est pas un hasard si en juin 1940 le pouvoir du Maréchal fut appelé « Royaume de Bourges ». Dans les pires moments de la dernière guerre, certains évoquant Vichy se souvenaient du malheureux Charles VII, isolé dans son royaume de Bourges, petit reste du pays dont l'ensemble était occupé par l'ennemi comme en 1940. Certains dans son entourage lui conseillaient d'abandonner, de s'exiler et de renoncer à des droits qui d'ailleurs étaient parfois même contestés ; les rumeurs, toujours elles, c'est classique en France, couraient sur ses origines. Puis le miracle vint, comme il se produit toujours ou presque dans notre pays lorsque plus personne ne croit à son salut.

Le miracle, ce fut Jeanne d'Arc ! Miracle méconnu et jamais compris, ni expliqué en dépit des livres, des romans français ou étrangers, comme celui de Mark Twain, qui firent la fortune de leurs auteurs ! Mais, interrogez autour de vous ! Patay, première victoire de Jeanne : inconnue ; Formigny, ultime défaite des Anglais en 1450 : inconnue ! Il ne vient à l'idée de personne de célébrer ces noms qui devraient être aussi célèbres que ceux de Verdun ou le dix-huit juin 1940 !

Après des redressements surprenants auxquels nul n'avait songé et qui permirent à la France d'échapper à l'hégémonie germanique d'abord (Bouvines), anglaise ensuite (Jeanne d'Arc, Charles VII), les guerres civiles dues à la vilénie des uns et à la faiblesse des autres aboutissaient parfois à des alliances contre nature comme celle de François Ier avec le turc Soliman pour abattre Charles-Quint. Une autre alliance aussi désastreuse avec les princes protestants d'Allemagne provoqua des réactions violentes en France de l'opinion à majorité catholique et à terme une guerre de religion. Une fois encore, la France avait été menacée de disparaître. « La réforme » impliquait une action mêlée à un principe d'insurrection. Le désordre et cette sorte de révolution mettaient en cause l'œuvre de plusieurs siècles ! Le salut vint comme une divine surprise par l'entente inattendue entre deux hommes : le roi Henri III catholique et son successeur le prince béarnais protestant qui agirent de concert pour la France. Henri III le paya du prix de sa vie. Il mourut pour une idée : celle de l'État, de la monarchie, bien entendu, mais surtout de l'unité nationale. Grâce à Henri IV, l'homme aux deux religions, la France retrouva la paix intérieure qui paraissait inaccessible ! Henri IV le paya lui aussi de sa vie.

Le survol de notre histoire prouve qu'aux moments les plus désespéré, il y a toujours une lueur d'espoir, en dépit du goût forcené de la discorde dont les Français, dignes successeurs des Gaulois, sont imprégnés. Il les conduit toujours au bord de l'abîme. Au bord ? la France risque peut-être un jour d'y tomber !

Les civilisations sont mortelles ; depuis Paul Valéry, c'est une idée reçue. Les origines connues de la France, donc de la civilisation telle qu'elle l'exprime, remontent à deux mille cinq cents ans ! Au-delà de ces deux mille cinq cents ans, la légende découvre migrations et conquêtes dont la fusion donna naissance à la Gaule !

Au temps de notre dernière guerre d'Indochine, un de mes amis intellectuel catholique thaï me fit un jour la remarque que la France comme le Vietnam étaient toutes deux les extrémités du continent eurasiatique. L'influence de cette situation exceptionnelle créait entre nous, selon lui, des ressemblances et des affinités. Un grand sens de l'honneur mêlé à un besoin métaphysique, d'où en dépit de tout, une possible et surprenante compréhension entre Français et Tonkinois ou Vietnamien. C'est lui qui parle, et il ajoutait « D'où le succès du christianisme dans le Nord-Vietnam en pays thaï bien avant l'arrivée des Français ! »

Le goût de l'honneur, qu'évoquait mon interlocuteur, Tacite le découvrait déjà chez les Gaulois, prêts à mourir pour lui dans le désordre.

Il est vrai que la France est un isthme. Si comme moi on croit à l'influence tellurique, on comprend comment cette nation exceptionnelle est née, parfois écroulée et jusqu'ici toujours rebâtie. Jacques Bainville affirmait que la France est une œuvre de l'intelligence et de la volonté. Une des premières surprises de sa naissance est la rencontre entre Rome et la Gaule ; les Gaulois, qui à l'origine étaient des envahisseurs, avaient un jour occupé Rome. Est-ce ce qui explique le mystère de la fusion gallo-romaine qui donnera à l'Empire Romain une de ses plus riches provinces, jusqu'au jour où les barbares déferlèrent et la submergèrent. Au cinquième siècle, une nouvelle rencontre allait provoquer un nouveau bond en avant. Les premiers barbares (Goths et Burgondes) installés en Gaule s'étaient convertis pour être mieux adoptés par l'Empire, la fusion avec la Gaule romaine était attrayante pour eux. Ils étaient devenus « ariens ». Les Francs arrivèrent alors et sentirent qu'il y avait là une place à prendre. L'Église réussit ce prodige de les convertir à leur tour. Saint Rémi et Clovis au nom de Dieu mirent en place un pouvoir puissant et rigoureux.

C'est à Tolbiac que la France est née ! L'année 496 est encore une de ces dates oubliées qui compte car elle exprime le miracle de la naissance d'une organisation qui pendant trois cents ans allait préserver ce territoire exceptionnel ! Mais le mal gaulois de la discorde perpétuelle allait sans cesse faire des ravages, atténués par la forte christianisation entraînant une véritable unité. Le christianisme lui-même n'échapperait pas en France au mal gaulois de la contestation et de la division, la monarchie capétienne ne pouvant elle non plus s'y soustraire. La révolution n'arrangea pas les choses ; l'unité ne résista pas à toutes les tentations, à toutes les querelles, elle ne pouvait pas ne pas déboucher sur l'autorité d'un Bonaparte. L'histoire politique devint alors comme une caricature de ses premiers destins.

Chapitre XIX

SECRET DÉFENSE

Lorsque éclata l'affaire de pédophilie d'Outreau, je partageai l'indignation générale. L'homosexualité étant devenue officielle au nom de la liberté sexuelle, tout est désormais permis, mais, Dieu merci, l'atteinte à des enfants, garçons ou filles, reste sévèrement sanctionnée, leurs auteurs condamnés, leurs complices poursuivis. À Outreau, il y avait eu beaucoup de complices. Tous étaient arrêtés. La révélation d'un éventuel réseau pédophile et ses ramifications jusqu'en Belgique secouait l'opinion. L'intolérable ne serait pas toléré !

Les médias passèrent à autre chose.

Lorsque naquit un doute, une remise en cause des témoignages de cette détestable série de faits divers, les dénonciations devinrent suspectes alors que des présumés coupables, des moins coupables croupissaient en prison depuis la prévention et après des condamnations sévères que tout le monde à l'origine estimait méritées. Une catastrophe judiciaire se dessinait. La machine judiciaire, encouragée par les médias, s'était emballée. Des innocents accusés à tort étaient emprisonnés depuis longtemps.

Le procureur général de Paris, le ministre de la Justice, le premier ministre firent leur mea culpa en présentant leurs excuses aux victimes. Une enquête devra cerner les causes de ce grave dysfonctionnement. Les innocents passèrent du statut d'infamie à la gloire médiatique. La presse, sous toutes ses formes, se consacra à la dénonciation des erreurs de la justice avec la même passion que lors des fausses accusations.

Les dérives de l'information à la télévision allèrent plus loin que celles de la presse écrite. Les travaux de la commission d'enquête de l'Assemblée Nationale furent télévisés, accablant les magistrats qui avaient failli. Les journalistes ne s'excusèrent jamais de la façon dont eux-mêmes avaient exploité « les affreux crimes sexuels ». À nouveau, grâce à ces nouveaux délires de l'information, les tirages à sensation firent vendre du papier, augmenter l'audimat.

L'événement avait fait, comme en son temps l'affaire Allègre à Toulouse, la « une » des médias, d'autant que des notables étaient impliqués. La justice s'était fourvoyée de manière inexcusable. Lorsqu'on relit la presse de l'époque on constate que les journalistes, comme les policiers et les juges, n'avaient exprimé à l'origine aucun doute sur la culpabilité des accusés. Puis, après le nouveau vacarme et l'indignation, le silence ! Comme toujours en France une commission chargée de découvrir les dysfonctionnements fut mise en place et l'on n'entendit plus parler de rien…

Les médias avaient d'autres occasions de mobiliser l'opinion à tort et à travers, oubliant les leçons données quelques mois plus tôt.

Ils se consacrèrent à un Watergate français, laissant loin derrière lui les erreurs américaines. Ces dernières ne concernaient que le président Nixon, qui dut démissionner pour avoir menti et non pour les causes initiales du scandale.

Le président Chirac est-il dans la position où fut mis le président des États-Unis ? Nul n'oserait l'affirmer. L'agitation médiatique occupe toute la scène. Les Français ont du mal à lui échapper. Les scandales d'Outreau sont remisés, oubliés. Enfin un affrontement où sont mêlés tous les responsables de l'État, de la majorité, de l'opposition, de la Défense Nationale et de l'Armée, en tout cas des généraux, des magistrats, j'en oublie sans doute et des meilleurs.

Lorsque le pékin moyen, inondé de documents secrets, ceux des services spéciaux, ceux de la Justice censés rester toujours confidentiels mais occupant les pleines pages des quotidiens pour rivaliser avec *Le Mond*e qui donne le ton aux opérations médiatiques, lorsque le pékin moyen réfléchit, il conclut, sauf s'il est capable d'imaginer qu'est dissimulée quelque part une vraie vérité, que somme toute l'affaire Clearstream, c'est apparemment peu de choses.

Cette banque luxembourgeoise, légale, assure les transactions bancaires internationales et puis après…

Le juge Van Ruymbeke a habitué l'opinion à ces sortes d'affaires où il dévoile tous les méchants puissants compromis dans Dieu sait quel méfait.

Or, c'est lui qui a reçu un CD informatique où figuraient les noms d'un certain nombre d'hommes politiques, dont celui de Nicolas Sarkozy – tous bénéficiaires de transactions occultes. Villepin, ministre des Affaires étrangères, après avoir informé le président de la République chargea le général Rondeau, responsable des services spéciaux, d'enquêter sur l'authenticité du document. Jusque-là, si ça n'est que cela, rien à dire. Le général enquêteur conclut en mai 2004 à la présence d'un faux. Nul ne songe à avertir Nicolas Sarkozy. Ce n'était pas bien, ce n'était pas grave.

Le secret de l'instruction n'existant plus, les déclarations du général Rondeau parurent en feuilleton dans *Le Monde*. Ledit général démentit tous les aveux qu'on lui prêtait.

Commença alors une rivalité entre tous les médias qui, chaque jour, publiaient tout et le contraire de tout.

Pour ceux qui parcourent (rares sont ceux qui les lisent) les révélations dans les pleines pages des journaux, cela relève du fonctionnement habituel des milieux politiques. Le scandale rappelle tous les scandales du passé plus ou moins lointain.

Mais voilà que les juges à leur tour sont mis en cause. Il y a des révélations qu'« on » ne veut pas faire sur l'origine des fonds astronomiques objet des litiges. Et l'on commença à évoquer l'affaire des frégates de Taïwan.

Nous sommes loin de la compétition Sarkozy-Villepin ! L'affaire date de 1991. Elle fit couler en son temps de l'encre et de la salive. Tout s'y mêlait. La rivalité Thomson-Airbus entre Alain Gomez, alors patron de Thomson qui avait vendu les frégates, et Philippe Delmas, l'homme de confiance de Noël Forgeard patron d'Airbus. *Le Figaro* du 19 mai 2006 s'étendit longuement sur les relations difficiles entre les deux hommes… et sur le comportement de Jean-Louis Gergorin, vice-président d'EADS, qui reconnaissait avoir averti les autorités des informations qu'il jugeait crédibles et qui l'impressionnaient. Il est démissionné d'EADS…

Deux pages d'explications dans *Le Figaro* qui en dépit de ses contestations le présente en gros titres comme l'auteur des lettres anonymes.

Depuis 1991, la France et Taïwan sont presque en procès. L'île acheteuse demande des comptes à la France sur les commissions qui ont été versées ici et là. Les sommes sont considérables. Le plus surprenant, c'est que Pékin ne s'y soit pas opposé alors que ses menaces retentissent toujours contre ceux qui livreraient des armes à Taïwan !

À Paris, une fois pour toutes, le secret Défense dans cette étonnante transaction fut opposé à toutes les demandes. Le mécanisme est connu. Si un industriel vend des armes à un pays étranger quel qu'il soi, Moyen-Orient, Vietnam, ou autres... l'État français le laisse verser des commissions à un intermédiaire étranger ayant négocié le contrat. Son nom ne sera jamais révélé. Le bruit court qu'entre 1991 et 2000, il y eut des rétrocessions de commissions à des personnalités politiques françaises. Naturellement, le vendeur se soumet à la réglementation sur les commissions versées à des étrangers, mais jamais à des Français, ce qui n'a pas de raison d'être car si elles sont réelles, elles n'ont pas été rétrocédées officiellement par l'intermédiaire étranger lui-même.

Alors des bruits circulent ! Et des noms aussi. Certains exigent la levée du secret Défense et ne l'obtiennent pas.

Désigner les bénéficiaires des commissions que reçoivent les intermédiaires, en France comme ailleurs, discréditerait. Si elle les dévoilait, elle aurait les plus grandes difficultés dans l'avenir à placer ses matériels.

Déjà on murmure que l'échec de la vente de Mirages au Vietnam, au bénéfice des Américains, trouverait là son explication !

La nouvelle court depuis quelques jours qu'il faudra à la Justice du temps, beaucoup de temps, au moins cinq années pour arriver à la vérité sur les frégates. Et comme l'affaire n'est pas simple, il se susurre aussi que des commissions figurant au dossier couvert par le secret Défense concernent des responsables du Parti communiste chinois. Ce qui est plus grave expliquerait l'indifférence inattendue et surprenante de la Chine devant une transaction par elle interdite. À l'époque, Roland Dumas, ministre des Affaires étrangères, laissait entendre que seule son habileté avait obtenu le silence indifférent de la Chine communiste.

Sans doute de nouveaux soubresauts sur d'autres affaires

feront oublier tout ce fatras d'impostures. Il suffira aux médias de mobiliser les Français sur d'autres choses plus mirobolantes encore !

Les années passeront, les fichiers seront écrasés…

Les frégates et Clearstream coulés et enterrés…

Chapitre XX

LA CORSE

Les comportements du Président Mitterrand étant imprévisibles, j'ignore aujourd'hui encore pourquoi il m'invita aux cérémonies célébrant le cinquantième anniversaire de la Libération de la Corse. Trois avions transportaient les invités. Dans le premier, les membres du Gouvernement, le second le Président et ses proches, le troisième, où j'occupai avec le grand Chancelier de la Légion d'Honneur les places d'honneur, les nombreux journalistes conviés à cette démonstration.

Pas d'autres députés. Pas un élu corse du continent. Mes titres de guerre et de résistant expliquaient peut-être ma présence. Mais je n'étais pas le seul à l'Assemblée et je ne présidais aucun comité de héros rassemblés.

Nous arrivâmes à Ajaccio. Le soleil brillait. La manifestation grandiose rassemblait tous les matériels retrouvés de 1943. Les tribunes étaient pleines. Le Président du Comité de Libération de la Corse, un très vieux monsieur, fit un discours, un long discours suivi par celui du Maire, lui aussi très âgé et qui parla plus longuement encore.

J'observai le Président, à quelques rangs devant moi. Il semblait las, agacé, si j'en jugeais par sa main pianotant sur le bras de son fauteuil. Il prit la parole quelques minutes. Le défilé terminé tout le monde derrière lui leva le siège. Suivit un déjeuner que je coprésidai avec Philippe Mestre, le ministre des Anciens Combattants. Puis nous prîmes tous le chemin de Bastia.

Là devait être inauguré un monument en souvenir de la Libération de la ville. Une immense foule, rarement aussi nombreuse à Bastia, attendait le Président. Il arriva détendu descendant d'un hélicoptère, puis après un repos et sans doute un déjeuner léger avec un de ses proches probablement Michel Charasse. Je n'aime pas le monument dévoilé devant nous. Le maire Zuccharelli, jeune et intuitif, parla quelques minutes. Mitterrand prit alors la parole. Certaines de ses phrases résonnent encore dans ma mémoire ! « La Corse », un morceau de la chair de France, « qui s'est libéré tout seul » !

Il continua sur le même ton, évoquant les forces françaises venues d'Alger précédant des troupes alliées qui débarquèrent à leur tour dans la Corse déjà libérée. La cérémonie terminée, après des applaudissements sans fin, nous prîmes à pied le chemin de la Préfecture.

J'avançai entre le premier ministre Balladur et le ministre de l'Intérieur, Charles Pasqua, corse comme chacun le sait.

Je lui fis tout à coup cette confidence : « Tu sais, s'il fait deux ou trois discours de cette veine et qu'il se représente, je voterai pour lui ! » À la Préfecture, je fus saisi d'un remords. Invité par le Président, je n'avais même pas encore provoqué l'occasion de le saluer. Je l'aperçus assis sur un grand sofa, dans le salon, encore seul. Je me précipitai avant que trop de courtisans l'entourent. Je le saluai en précisant : « Monsieur le Président, vous avez fait un extraordinaire discours qui nous a tous bouleversés et honorés ». Il me regarda, puis avec ce ton hautain, amical et sévère, me répondit « Si c'est vous qui le dites, Monsieur Griotteray, ça doit être vrai. »

Je crois que la cérémonie et le discours n'ont pas eu la place qu'ils méritaient à la télévision sur le continent.

Dans le portrait de François Mitterrand [2] que j'écrivis, il y a vingt ans, je ne fus pas indulgent. Ses responsabilités dans l'avilissement de la France sont immenses, mais je terminai par cette phrase : « En dépit de ses erreurs européennes, François Mitterrand est un personnage, un vrai. Ses efforts pour exister furent parfois pathétiques, mais derrière eux, il y avait l'âme d'un peuple. Et pour ce peuple, tout vaut mieux que de voir écrire le mot "FIN". Ceci parut en 1990, huit ans plus tard Jacques Chirac assénait d'une voix grave après l'assassinat du préfet Erignac le propos suivant : « Folie meurtrière, politique du pire, dérive mafieuse. Nous ne tolérerons pas ! Les assassins seront punis. Nous ne laisserons pas le crime et le non droit s'installer en Corse. Nous ne laisserons pas défaire l'unité de notre pays ! »

Qu'en belles envolées ces choses-là furent dites ! Le temps a passé. Dans l'assassinat du préfet, beaucoup ont cru voir une spécificité corse, oubliant la mort d'un député, Yann Piat, une femme ! assassinée sur le continent – attentat étrange entre tous où certains journalistes ont réussi à mêler Jean-Claude Gaudin, François Léotard ou le maire de Toulon, qui plus tard fut classé simplement « maffieux »… comme en Corse.

La Corse, hélas, n'est que le miroir, peut-être grossissant, des erreurs, la France. On y trouve la conjonction de deux crises : la crise économique et sociale, d'un côté, la crise institutionnelle et morale de l'autre. La première n'est pas pire que dans le reste du pays ; le chômage est de 13,6 pour cent. Ce n'est que un pour cent de plus que la moyenne nationale, écrivais-je en 1998 ! Il y

[2] *Trois portraits cavaliers*, Éditions de Fallois.

a en Corse trop de fonctionnaires, mais la France entière croule sous le nombre des fonctionnaires ! Trop de retraités ! Mais la Corse, comme tout le sud de la France connaît un climat idéal. Les Corses du continent, comment s'en étonner, retournent, et c'est naturel, dans leur pays, une fois leur carrière terminée.

Les subventions à l'Agriculture, dit-on, y sont désordonnées, comme partout en France. En Dordogne que je connais bien, c'est pire qu'ailleurs !

Les Corses, comme le soulignait le président Mitterrand, ont payé de leur sang la passion d'être français dans les deux guerres mondiales, et singulièrement pendant la seconde, où donner sa vie pour la France était un acte plus volontaire et plus individuel qu'en 1914-1918 !

Le 11 février 1998, après l'assassinat du préfet, les manifestations, le 14 février, rassemblèrent 40 000 personnes, vingt pour cent de la population de l'île.

Quelle est la ville capable d'en faire autant ?

Pourquoi pas, pendant qu'on y est, puisque certains envisagent un référendum pour l'indépendance de la Corse, remarquait le prince Charles Napoléon, pourquoi ne pas faire aussi un référendum en banlieue ? Les remontrances que certains font à la Corse, moi, je les fais à la France. Quel droit règne dans certaines banlieues ? La loi du silence, prêtée à la Corse, n'est pas une de ses spécialités. Il est des cités où les policiers ne vont plus !

Corses ou non, les Français n'ont plus confiance dans leurs institutions. Et qu'on ne vienne pas dire que les Corses veulent se déterminer eux-mêmes en tant que Corses ! Ils le font clairement à chaque consultation électorale. La Corse est passée sous nos yeux de la civilisation rurale à la civilisation urbaine, comme toute la France, peut-être avec un certain décalage par rapport au continent.

Je m'étonne parfois de constater que, si les touristes ne s'en rendent pas compte, les Corses de l'île n'en ont pas toujours conscience eux non plus. Et pourtant, quelle transformation sous nos yeux. La petite Bastia des années soixante est maintenant une grande ville dont les étrangers (les Italiens plus que les Français) soulignent la vigueur et l'expansion. D'où la crise sociale qui rencontre la crise économique nationale... et qui explique bien des tensions.

Les hasards de la vie m'ont rapproché, moi homme du nord, parisien, d'origine savoyarde par mon père, flamande par ma mère, du peuple corse. Dès 1940, deux de mes meilleurs amis, membres actifs de mon réseau et ultra-doués d'intelligence et de courage, furent corses. L'un de Bastia, Jean-Baptiste Biaggi, déjà un héros des corps francs, grand blessé de guerre en juin 1940, l'autre Pascal Arrighi d'Ajaccio, l'un et l'autre ont emprunté le même chemin que moi au service d'une idée certaine de la France.

La femme que j'ai épousée est bastiaise ; elle m'a fait aimer sa petite patrie, comme l'avaient fait mes deux compagnons. Plus tard, au Conseil Municipal de Paris, un des miens fut Jacques Dominati. Je suis le parrain d'un de ses fils, Laurent. Je ne peux parler de la Corse que comme je parle de la France. Avec de nos jours une certaine angoisse, celle que je porte à ma patrie. Lorsque la République fait son devoir, l'énergie du peuple corse s'impose et affirmera comme hier sa place en Méditerranée. Lorsque je me souviens de mon enfance sous la troisième république, que je défends rarement, je me souviens aussi de l'agitation qui comme toujours agitait la Corse, soutenue par l'Italie fasciste de Mussolini contre la France. La troisième république réagissait mieux que les régimes d'aujourd'hui. Après notre défaite militaire en 1940, la Corse, occupée d'abord par les Italiens, puis par les Allemands eux-mêmes, donna un exemple de patriotisme qui témoigne qu'elle est bien selon les paroles de Mitterrand, un morceau de la chair de France.

Chapitre XXI

LA CONSTITUTION ET LES LÉGISLATIVES

Chaque semaine, que dis-je, chaque jour les Français peuvent mesurer le caractère absurde de la Constitution telle qu'elle fut votée, amendée, transformée, disqualifiée. Telle qu'elle avait été conçue d'abord en 1958, l'influence de Michel Debré, qui rêvait d'une démocratie de type anglais, n'en avait pas fait disparaître tout souvenir du régime d'assemblée. Le général de Gaulle, lui, entendait en finir définitivement avec le régime des partis ; or l'affaire d'Algérie était terminée. Les partis, effacés pendant la Guerre d'Algérie, avaient laissé le peuple approuver les accords d'Évian ; la page tournée, ils entendaient reprendre leur rôle. Selon la formule de de Gaulle : « Pour eux, il y a d'abord les places, pour cela ils sont remarquablement efficaces. Et puis il y a la politique ; les nécessités de l'action, ça ne les intéresse pas. Ils ne sont pas faits pour cela. »

Lors du référendum sur l'élection du président par le peuple, le général fut déçu de voir le « oui » ne remporter que 62 % des suffrages.

Le ministre de l'Intérieur, Roger Frey, lui démontrait que les législatives seraient un grand succès ; le peuple avait résisté à la propagande totalitaire de tous les médias, de tous les partis en faveur du « non », soixante-deux pour cent n'en avaient pas tenu compte, donc les législatives seraient gagnées. Ce fut le cas. Jacques Fauvet dans *Le Monde* exprima la stupéfaction de toute la presse. « Les pronostics se trompent souvent, écrivait-il, cette fois leur erreur dépasse l'entendement ! »

En fait, les Français avaient pris une nouvelle direction. « En 1958, j'avais sauvé les partis, disait de Gaulle, maintenant c'est fini. » Dans son esprit, le président était là pour assurer la continuité de l'État dont il est la clé de voûte. S'il n'a plus ce rôle, le peuple n'a plus le sien, celui d'arbitre chaque fois que le président éprouve la nécessité de le consulter.

La cinquième République, après avoir admis ces principes simples après le départ du général de Gaulle, les a respectés mollement. Elle a encouragé le « régime des partis à renaître » mais comme une caricature du passé. Caricature, car l'organisation des législatives est désormais figée de telle sorte que seuls les partis existants peuvent se lancer dans la conquête des sièges. Les réformes du financement, censées à l'origine assainir le système, contribuèrent à le bloquer. Le quinquennat que de Gaulle « excluait totalement » a même mis un point final à une constitution sans doute imparfaite, comme toute constitution, mais bonne dans l'ensemble. Solide et souple, elle laissait assez de jeu pour s'adapter aux circonstances.

Mais, il eût fallu ne pas oublier le principe fondamental : Comment jauger la confiance du peuple ? La seule manière, c'est le référendum. Et le général de citer Chamfort pour exprimer les convictions des tenants de la quatrième République : « Premier principe : La souveraineté appartient au peuple. Deuxième principe : Il ne doit pas l'exercer. »

Les deux premiers successeurs du général appliquèrent peu le principe du référendum, ne voulant pas prendre le risque d'être condamnés selon la doctrine gaulliste à s'en aller en cas de désaveu ; François Mitterrand, lui, l'abandonna complètement. La souveraineté nationale appartiendra donc de plus en plus à n'importe qui, en tous les cas pas au peuple. Le ministre Sudreau avait raison à l'origine lorsqu'il faisait observer au général que l'élection au scrutin direct était la solution idéale tant que de Gaulle serait là, mais après ?

Nous vivons maintenant avec un septennat ramené à cinq ans entraînant une confusion des élections présidentielles et législatives. Nous assistons à la préparation de celles de 2007 offrant un spectacle tragi-comique. Plus rien de commun avec les volontés du fondateur de la cinquième République. Il précisait ne pas vouloir entendre parler de programme électoral ! « Un programme ? Jamais. La politique, c'est la réalité. La réalité, elle change tous les jours. (C'est le général qui parle) C'est tous les jours qu'on la découvre. Il suffit d'avoir des principes et des objectifs, non un programme ! »

Or sous nos yeux les partis qui n'ont ni principe, ni objectif préparent des programmes présentés par les médias. Et ce sont les partis qui désigneront les candidats des partis. Les socialistes donnent l'exemple, ce qui ne surprend pas. Ils sont dans leur logique. Ils étaient contre la constitution définie par de Gaulle. Ils le sont restés. Les choses sont plus tristes lorsque ceux qui se prétendent ses descendants pratiquent les mêmes méthodes. Mais, dira-t-on, la démocratie américaine donne l'exemple de ces grandes conventions qui choisissent leur candidat ! La France n'a aucune raison de suivre leur exemple, disait de Gaulle. Ou alors il lui faudrait aller jusqu'au régime présidentiel tel qu'il est conçu là-bas, où le président ne peut dissoudre le parlement qui ne peut renverser le gouvernement. Le général ajoutait : « Du reste, là-bas, ça marche cahin-caha ! En France, ce serait l'occasion d'un conflit permanent ».

Ce qui est permanent en France, c'est refuser de donner la parole au peuple. Lorsque par inadvertance on lui offre l'occasion de parler, il le fait à sa guise refusant toutes les pressions !

Ce fut le cas lorsque le président de la République, sûr de lui, organisa un référendum sur la constitution européenne telle que les technocrates de Bruxelles l'avaient établie. Il y a un an que les Français, rejoints par les Hollandais, ont dit « Non » ! La propagande officielle du « Oui » annonçait les pires désastres en cas d'échec. Or l'Union européenne ne se porte pas plus mal qu'avant !

Pas mieux non plus, du reste. Mais il est vrai que nul en France n'a analysé le comportement des Français sauf pour dire, quand on était de gauche, que le non était plutôt une manifestation d'hostilité à la politique du pouvoir. En France, les hommes politiques ont haussé les épaules. À Bruxelles, les ministres des Affaires étrangères ne sont d'accord que sur un seul point : Pas de décision avant 2008. La France propose d'abandonner la clause des décisions prises à l'unanimité, cette clause pour laquelle elle s'est tant battue. Quant aux partis, ils trouvent inutiles d'évoquer la question à l'occasion des élections qui se préparent. Le coût du programme socialiste dépasse tout ce qu'on pouvait attendre : Strauss-Kahn le chiffre à cinquante milliards d'euros, ce qui n'est pas grave puisqu'il est acquis qu'il ne tient pas compte des réalités.

Et l'on assiste à la fabrication par les médias d'idoles. Il y a Ségolène dont nul ne rappelle qu'elle fut un très mauvais ministre, peu importe. Les Français ont la mémoire courte. Que Fabius soit le premier ministre du sang contaminé importe encore moins. Nul ne s'intéresse aux scandales financiers de l'ère socialiste, au moins aurait-on pu prendre au sérieux celui-là qui concernait la vie et la mort de nombreuses victimes. J'eus l'occasion de m'étendre sur tous les errements financiers dans un rapport à l'Assemblée, demandé par le premier ministre Monsieur Balladur. Cela n'eut aucun effet. Nul n'a jamais rappelé la finalité des nationalisations qui devaient donner, selon le premier ministre Monsieur Pierre Mauroy, à la France un surcroît de dynamisme et constituer le fer de lance d'une grande politique industrielle. Nul n'a informé le peuple de ce qu'ont coûté les nationalisations. Pauvre peuple qui n'a le droit de s'intéresser qu'à la grâce de Guy Drut et s'il a le temps de les lire à toutes les analyses sur l'affaire de la banque luxembourgeoise Clearstream. D'ailleurs, il s'en moque et il a raison de s'en moquer. Ces scandales s'oublieront comme sont oubliés tous ceux qui ponctuèrent les trente dernières années.

Ce qui se passe dans le monde doit lui sembler plus angoissant, mais la France y compte de moins en moins. Alors dans la rue et dans les dîners en ville, on s'interroge :

— *Pour qui allez-vous voter ?*

— *Sarko, c'est le moins mauvais, en tous les cas il parle bien, pas comme les autres.*

— *Oh, si, comme Le Pen.*

— *Et Ségolène, elle est belle. Elle est comme le Maréchal, pour la famille, et... Dieu et Jeanne d'Arc.*

— *Oui, mais elle accepte les mariages homosexuels et elle n'est pas mariée.*

— *Ton Sarkozy, il est prêt à donner le droit de vote aux immigrés, il ne comprend rien à l'Islam.*

— *Oui, mais il est courageux.*

— *Oh, Villepin ne manque pas d'allure.*

L'écoute de ces conversations laisse perplexe.

Il y aura beaucoup d'abstentions. Les Français ne croient plus à la démocratie.

Croient-ils encore à la France ?

Chapitre XXII

L'ÉNERGIE NUCLÉAIRE : UN MIRACLE FRANÇAIS

Ce qui condamne les républiques, quel que soit leur numéro, c'est l'absence d'une politique, d'une seule politique à la fois, simple et claire. Nos républiques poursuivent des rêves sans objectif, professant des théories sans unité, sans idée directrice du but à atteindre, se complaisant dans les contradictions toujours mortelles. Les élections portent souvent au pouvoir des partis gouvernant ensemble professant des politiques opposées les unes aux autres. Comme elles n'ont pas de doctrine (elles en ont plusieurs à la fois) elles ne portent jamais à leur tête un chef responsable… ayant (comment dirais-je ?) une fois pour toutes une certaine idée de la politique qu'il faut appliquer. Je l'ai souvent dit et écrit : « on aime ou on n'aime pas les choix du général de Gaulle », mais force est de constater qu'il conduisait le pays d'une main ferme, sans jamais dévier de la route fixée. Après son retour, en 1958, les partis remis à leur place, la France occupa, à la surprise de ses alliés et des Français eux-mêmes, la place qu'il entendait lui donner et à laquelle elle a droit.

Dans ses mémoires de guerre, il évoque l'étrange politique de la troisième république concevant l'avenir d'une paix européenne à la Briant, à laquelle elle se consacrait, et une politique militaire conçue en fonction de la seule défense du territoire derrière la ligne Maginot, réputée imprenable. Mais en même temps, elle appliquait une politique étrangère totalement contraire donnant la garantie de la France à toutes les nations d'Europe Centrale : Tchécoslovaquie, Pologne… et naturellement à la Yougoslavie qu'elle avait mise en place elle-même !

Rien n'est plus instructif que de lire le récit que le général fait de son entretien avec le président Léon Blum. Celui-ci écouta avec intérêt la vision que de Gaulle lui présentait, insistant sur le danger des contradictions françaises. Léon Blum approuvait ou feignait d'approuver mais n'en tint pas compte.

Lorsqu'il revint au pouvoir en 1958, le général constatait avec une certaine tristesse qu'il lui restait peu de temps devant lui pour agir : une dizaine d'années pendant lesquelles il était condamné à délivrer la France des charges du passé et à lui assurer son indépendance. Il entendait la mettre à l'abri des menaces perpétuelles pesant sur elle au cours des temps.

Nul n'aurait été capable de terminer la guerre d'Algérie sans guerre civile. Il est aisé de mesurer que la France, en dépit du patriotisme de certains, du courage des militaires, de l'engagement des Pieds-noirs, n'aurait, en aucun cas, eu les moyens de sortir des guêpiers dans lesquels la IIIe République l'avait fourvoyée, renonçant à une politique européenne consacrée à la revanche telle que beaucoup l'espéraient après 1870 ! Il est piquant de rappeler que la droite nationale à l'époque, après la défaite de 1870, était revancharde, que la gauche au pouvoir au contraire, oubliant Gambetta, lança le pays dans des conquêtes à travers le monde aussi bien en Afrique qu'en Asie sans mesurer où cela conduirait. La gauche, sous la IVe République, proclamait par la voix de ses chefs, Guy

Mollet, François Mitterrand, que l'Algérie c'était la France, ses départements des départements comme les autres. Les socialistes y envoyèrent le contingent, commençant une guerre qu'ils se révélèrent incapables de mener à bien tandis que la droite nationale se mobilisait pour garder l'Algérie et fit appel à de Gaulle pour y parvenir. Le général pensait autrement : la politique de la IVe avait abouti déjà à la catastrophe de l'expédition de Suez, sous la pression des Américains et des Russes ! La France se devait donc d'exister sans eux. Or elle était l'incapable de régler le problème algérien, ne bénéficiant pas du soutien de ses alliés, ni même de leur sympathie. Elle devait se retirer d'Afrique et se doter de l'armement nucléaire dont « les partis » ne voulaient pas et auquel les alliés s'opposaient.

La loi « programme » des équipements militaires de 1960 donna à l'armement nucléaire la priorité absolue, ce qui réduisait les autres programmes à la portion congrue. La décision ne fut pas prise sans difficultés, mais en toute clarté. Comme les partis, le Commissariat à l'Énergie nucléaire traînait les pieds sous l'influence du Parti communiste.

Je me souviens que Jean Lecanuet, lui-même, centriste, constatait sous influence étrangère que « l'indépendance militaire nationale est un anachronisme ! » Certains élus gaullistes eux-mêmes, étonnés, restaient réservés vis-à-vis de la décision nucléaire. En dépit d'un premier échec devant l'Assemblée Nationale, la volonté du général fit de la France une puissance nucléaire ! Je rappelle ce pas en avant, car il fut franchi par la seule volonté d'un homme – en dépit des partis qui avant son retour avaient encouragé les études mais les poursuivaient secrètement, une large fraction de la majorité d'alors étant ouvertement contre. Rien ne serait sorti de la République des partis puisqu'elle n'osait pas prendre la décision, cherchant à son habitude sa route sur plusieurs chemins à la fois.

J'ai assisté récemment à une interview pour une chaîne de télévision de Pierre Messmer. Il rappelait le moment fondamental de notre passé récent en 1974. La décision prise par le gouvernement dont il était le chef, quelques jours avant la mort du président Pompidou en mars 1974, par un Conseil restreint, pas un Conseil des ministres, le président Pompidou étant trop malade pour y assister. Ce Conseil restreint décida d'accélérer la réalisation du programme de production nucléaire. Le premier ministre annonça à la télévision cette décision qu'il avait l'intention de soumettre naturellement au Parlement, mais la disparition du président Pompidou l'en empêcha. La politique de ce qu'on appela « le plan Messmer » était pourtant lancée. La volonté de Pompidou appliquée par le premier ministre répondait au problème : rendre la France moins dépendante du pétrole que ses voisins ! La France fut le seul grand pays à développer un programme électronucléaire. Le prix du kilowattheure nucléaire était désormais inférieur au prix du kilowattheure fuel ou charbon.

Ce qui m'enrage, c'est de constater que mon pays fut ainsi capable de faire face sans trop de difficultés pendant cette crise du pétrole mieux que les autres. Il avait à sa tête un premier ministre animé d'une simple et claire volonté : appliquer la politique du président de la République. Depuis, nos centrales fonctionnent parfaitement et fournissent quatre-vingt pour cent de notre électricité, ce que les Français savent à peine. Nous exportons de l'électricité vers certains de nos voisins qui, sous la pression des « verts » manipulés par l'argent du pétrole, sont restés passifs. Certains d'entre eux semblent vouloir maintenant suivre notre exemple, la Grande-Bretagne le laisse entendre. Giscard et d'Ornano, après le départ de Pompidou, appliquèrent cette politique sans l'officialiser par un vote du Parlement. Ce que François Mitterrand fit avec son habileté habituelle en soumettant à l'approbation de l'Assemblée non le principe mais certaines limitations impliquant l'acceptation de la décision ancienne. Il régularisait une politique menée depuis 1974 sans avoir jamais été votée ! Aujourd'hui, un nouvel ordinateur nucléaire est mis sur les rails, choix à l'évidence rentable pour la France. L'EDF mène cette affaire avec efficacité, nul ne lui compliquant jusqu'ici la tâche. La France est la première puissance au monde devant les États-Unis et le Japon dans ce secteur. La Chine est tentée de lui commander deux centrales. Elle la préfère à son voisin japonais qu'elle n'aime guère et à ce partenaire encombrant que sont les États-Unis. La négociation est difficile. Si la France vend deux centrales, notre acheteur en construira d'autres non prévues dans le contrat donc sans les payer. Mais cette réussite éclatante témoigne des possibilités miraculeuses de la France lorsqu'elle a à sa tête un pouvoir cohérent et décidé.

On n'ose à peine rappeler ou s'étendre sur cette affaire, car de temps à autres les opposants en font miroiter des dangers. Est-ce par hasard que tout à coup Tchernobyl est rappelé, exploité pour démontrer le danger du nucléaire. D'autres obstacles sont inventés. Une polémique sur les prix de l'électricité est même en train de s'ouvrir. Le nucléaire assurant une rente à EDF dont ne profiteraient pas ses clients, dit-on ! En tout cas, cela assure à la France de l'électricité. De toute façon, c'est à l'État, dans la mesure où il existe, de traiter cet aspect des choses. Mais tout dépend comme en 1972, il ait à sa tête une volonté, sinon risque de se développer une sorte de contestation généralisée. Pierre Méhaignerie, lui-même, ne vient-il pas de dénoncer une hausse de 80 % du prix de l'électricité pour de nombreuses PMI. Selon lui, cette situation est intolérable. Pourquoi, sur un sujet aussi brûlant, ne pas le traiter avec simplicité et autorité. La presse, qui parle peu de ce succès français, commence à l'évoquer à partir du moment où une polémique apparaît qui peut nuire.

Une fois de plus, la démonstration se profile : ce pays est malade de la politique. La cinquième République a peu à peu attrapé tous les virus qui mirent fin à celles qui la précédèrent. Cette maladie n'est pas propre à la France ; entre les deux guerres, la Grande-Bretagne s'est aussi enlisée que nous dans l'esprit de Munich ; elle ne se réveilla que lorsqu'un homme, Churchill, prit les choses en mains ; il y avait peut-être d'autres issues « que le sang et les larmes » selon certains dirigeants du Parti Conservateur. Mais c'est la voie proposée par Churchill qui l'emporta !

Vint un nouvel après-guerre et avec lui une succession à la tête de la Grande-Bretagne d'aristocrates fatigués et de travaillistes hésitants. L'Angleterre fut alors qualifiée d'homme malade de l'Europe. Puis les conservateurs gagnèrent les élections. Ils avaient un chef, Oh ! qui n'avait rien de charismatique. Mais Madame Thatcher était habitée par une volonté totale de redresser son pays. Elle s'y employa, n'hésitant jamais, faisant face à tout ce qui faisait reculer ses prédécesseurs. Quelle leçon ! La machine démocratique anglaise fonctionna à nouveau et presque naturellement un travailliste comme Tony Blair ne put lui-même que la faire fonctionner sur le même chemin sans graves incidents de parcours.

Pour obtenir ces résultats, il faut une majorité et à sa tête, « un chef ayant un objectif et une volonté » !

Les deux choses en somme qui manquent à la France depuis tant d'années qu'elle a fini par oublier même les origines de son déclin. Le déclin conduit-il fatalement à la mort ?

Chapitre XXIII

EXCUSEZ-MOI D'ÊTRE FRANÇAIS

Il y a une quinzaine d'années, André Frossard publiait un court livre d'une centaine de pages sous le titre *Excusez-moi d'être français*. C'était une réponse ironique à l'affirmation de Bernanos : « Il n'y a pas d'orgueil à être français ! » Pour André Frossard, comme pour moi, il n'y a pas de honte non plus !

Dans son livre, il rappelait le jugement de Tacite sur les Gaulois : « Ils combattent pour l'honneur ». Certains de nos jours répètent : « Qu'est-ce que c'est que cet honneur-là ? Ce qui importe, c'est la paix à tout prix, qui vaut beaucoup plus cher que l'honneur ». Je n'ai jamais évoqué le sujet avec Frossard ; je suis d'autant plus ému lorsqu'il écrit : « L'une des choses dont je suis, français, le plus reconnaissant à de Gaulle, c'est d'avoir chassé l'ennemi de nos esprits bien avant de contribuer à l'expulser du territoire. Il n'y a aucune gloire à tirer de l'honneur dont je parle. Il est tout simplement vital ».

Frossard écrivait sans le savoir pour ceux qui, comme moi, n'avaient pas pu ne pas réagir contre l'occupant le 11 novembre

1940 au nom de cet honneur inutile. La France depuis en est arrivée à douter de tout et d'elle-même. Selon certains experts de 1940, à la libération en 1945 elle aurait ignoré l'honneur. Les Français étaient vichystes et fiers de l'être, prêts à tout, même à se faire complices de la déportation des juifs. Aujourd'hui, sous nos yeux, le Tribunal Administratif de Toulouse condamne la SNCF pour avoir en 1944 transporté des juifs arrêtés par les Allemands. Je n'ai entendu nul cri d'indignation devant une telle décision traitant d'événements d'il y a soixante ans, à la suite d'une plainte, si j'ai bien compris, d'un député vert Alain Lipietz. Le président de la S.N.C.F, Louis Gallois, fait naturellement et heureusement appel de ce jugement inique. *Le Figaro* a publié ses commentaires précisant que « Quinze cent cheminots ont été fusillés ou déportés sans retour (S.N.C.F ou pas), et que les représailles sur leurs familles et leurs collègues furent particulièrement meurtrières ». Je ressens le silence autour d'une telle décision d'un tribunal comme une blessure. On ne peut ignorer les archives de la SNCF ouvertes en 1992, décrivant les conditions dans lesquelles les chemins de fer français furent utilisés par les Allemands. Tout est connu, tout est publié. Je ne peux oublier, moi, que mon réseau « coupable » des évasions des trains de déportation organisait avec les cheminots certains ralentissements au moment où les évadés desdits trains s'échappaient au péril de leur vie, de celle de leurs camarades et des cheminots de la SNCF en général, bien entendu.

Aujourd'hui, certains concluent tranquillement que la République et la France étaient complices de la Shoah ! L'historien américain Paxton affirme que les Français sous l'occupation étaient vichystes, pétainistes, pro-allemands. Du haut de sa superbe, il oublie que les États-Unis et l'Union Soviétique étaient représentés à Vichy, il ne se demande pas si ces nations-là n'étaient pas elles aussi à ce moment-là en 1940 complices de l'Allemagne ! Or Paxton règne sur l'opinion dans le monde et fait autorité même en France. On le lit, on le cite et jamais on ne retient aucun des témoignages d'autres universitaires américains venus à l'invitation des déportés du Club Témoin à une manifestation que je coprésidais au Sénat en décembre 2000 : Arthur J. Frank, John F. Sweat, Ralph Patton, l'ambassadeur Vernon Walter, pour ne citer qu'eux, venus décrire le comportement des Français qui les ont sauvés entre 1941 et 1944 !

L'effort de certains pour effacer l'honneur d'être français est si constant que les jeunes d'aujourd'hui en sont arrivés, comme Paxton le prétend, à croire les versions les plus pessimistes de ces années noires.

Le documentaire de Max Ophuls « Français, si vous saviez ! » ou le film de Louis Malle « Lacombe Lucien » développent cet état d'esprit de doute, presque de honte. À cet égard, l'attitude de François Mitterrand peu suspect de gaullisme mérite d'être rappelée. Lors d'un triste et traditionnel anniversaire de la rafle du Vél-d'Hiv, il résista à toutes les pressions l'incitant à souligner la responsabilité de la France et il déclara : « Ni la France, ni la République ne sont coupables des crimes perpétués par certains des siens, parfois sans son assentiment, et qui à la Libération furent jugés et punis ».

Tous nos dirigeants n'ont pas toujours cette honnêteté ou ce courage ; alors revient la question : « Pourquoi vouloir avilir la France ? Faire disparaître ses traditions d'honneur ? » L'Allemagne est pardonnée. D'ailleurs, dès le jugement de Nuremberg, les nazis seuls étaient coupables, les Allemands victimes. Lorsque l'on évoque les rafles, les journalistes français écrivent « les SS et la police française » ! Ils n'utilisent jamais le mot police allemande. Ainsi s'efface le patriotisme français, ce qui va dans le sens de ceux qui s'occupent à construire une Europe sur des données administratives, économiques, financières. Il leur faut pour cela gommer le souvenir de cette patrie pour laquelle les Français pendant tant d'années au cours de leur histoire ont donné leur vie. Je me souviens de mon entretien avec le nouveau chancelier Monsieur Schröder le jour même de son investiture. Il portait sur toutes les questions d'actualité posées à l'Europe, à l'Allemagne, à la France, au monde. Avant de nous séparer, je l'interrogeai rapidement sur le passé, sur la guerre, sur la Shoah. Il me répondit très brutalement : « C'est de l'histoire ancienne ! ». L'Allemagne est retombée sur ses pieds et regarde devant elle. Elle reconstruit Berlin et lui redonne tout son lustre, y compris celui du fameux stade des Jeux Olympiques d'Hitler en 1936 !

Bientôt seront effacés tous motifs d'avoir honte d'être allemand. Tandis que les Français peu à peu n'auraient plus aucune raison d'être fiers d'être français. Certes, si on appartient à la gauche socialiste, on n'a jamais aimé la France. En juillet 1940, elle disparaît : pas un mot, pas un geste pour refuser la défaite, pas un appel au sacrifice inutile. Le terrible débat se passa entre la droite et la droite. L'une à Vichy, sorte de syndic de faillite de la IIIe République, l'autre à Londres dans le discours d'un général qui appelle à le rejoindre et attend désespérément que quelques membres du pouvoir viennent constituer un gouvernement. Ils répondirent tous par le silence ! La IVe République s'installa plus tard à gauche et chemina jusqu'au jour où le navire à nouveau se brisa sur l'Algérie. La gauche disparut à nouveau et ne se reconstitua qu'une fois la tragédie algérienne terminée. Elle est incapable d'imaginer un destin au peuple français. Il faut qu'il se dissolve dans un ensemble européen, si possible mondialiste.

Le peuple français, les rares fois où l'occasion lui est donnée de s'exprimer, marque sa volonté de reprendre le cours de son Histoire. Le référendum sur Maastricht fut instructif ; lors du dernier référendum sur la détestable constitution technocratique de Bruxelles, 55 % des Français, en dépit des pressions de toutes sortes, refusèrent la disparition de leur patrie. Nul n'a tiré depuis quelque leçon que ce soit de ce refus, de cet appel à une autre idée de l'Europe. La nation s'embourbe chaque jour davantage. Droite parlementaire et gauche sont aussi inefficaces l'une que l'autre. La seconde, avec cynisme, n'a pas hésité à s'allier avec le Parti communiste encore soviétique pour s'emparer du pouvoir, la droite parlementaire, elle, s'embourbe dans son refus de s'unir à la droite de passion, soupçonnée de tous les vices fascistes. Aura-t-elle un jour le sens des réalités ? Des études des scrutins indiquent que 20 à 25 % des électeurs UMP ont dit « non » ; il suffit d'y ajouter les 18 à 20 % du Front National, les 3 à 5 % de villieristes, une pincée de socialistes chevènementistes et le tour est joué !

Alors faut-il attendre un miracle pour que ces 55 % se trouvent un jour réunis.

« Ce serait effectivement un miracle ».

Mais depuis longtemps, il n'y a que les miracles qui sauvent la France. Ce n'est pas un hasard si les Français ont choisi Jeanne d'Arc comme image de la France et Sainte Geneviève comme patronne de Paris. Ce fut d'ailleurs le cri inattendu de Paul Reynaud en juin 1940 à Notre-Dame (qui s'en souvient ?) confessant que si pour sauver la France, il fallait un miracle, je croirais au miracle !

Reconnaissons que ce fut bien par une sorte de miracle que la France se retrouva debout en 1945 ! Et aujourd'hui, j'en suis réduit à faire comme le dernier chef de gouvernement de la IIIe République agonisante : « S'il faut un miracle pour sauver la France, je croirai au miracle ».

Chapitre XXIV

AI-JE ENVIE DE LE RESTER ?

Chaque matin à l'écoute des informations me prend l'envie d'écrire un article d'humeur comme je le fis chaque semaine pendant vingt ans dans le *Figaro Magazine*. Le politiquement correct, ne provoquant jamais de mise au point ni de réponse, me fait regretter, ce qui est rare chez moi, les temps de l'entre-deux guerres et de la quatrième République. À l'époque, il y avait un débat à travers la lecture des quotidiens. Aujourd'hui, la désinformation est totale au profit du politiquement correct. En plaisantant à moitié, je dis un jour à mon ami Michel Calaguès qui partage mes réactions sur la désinformation : « Tu vois je prépare un livre "Ne l'appelez plus jamais France" ! ».

Après la tragédie du 11 septembre, je ne pouvais supporter d'entendre la télévision, la radio, les journaux évoquer le « français » jugé aux États-Unis pour avoir été un des acteurs des attentats du 11 septembre 2001. Le « français » Zaccarias Moussaoui tenait tête courageusement à ses juges, le « français » revendiquait ses crimes au nom d'Allah, le « français » refusait de répondre, le « français » plaidait coupable se présentant comme un membre des commandos islamistes, tantôt comme chargé de détourner un cinquième avion ! Le « français » Moussaoui prenait tranquillement au moment d'être arrêté des cours de pilotage d'avion de ligne aux États-Unis. Il échappe à la condamnation à mort. La presse, ayant observé tout au long du procès qu'en France ce « français » ne la risquait pas, applaudit. On découvre que l'enfermement à vie en cellule de sécurité aux États-Unis est pire que la mort. À force d'entendre citer sans cesse ce « français » devant ses juges, je ne pouvais plus supporter d'être même de loin assimilé à ce français avec lequel mon pays, le sien, n'avait rien de commun.

Certes, tout au long de leur histoire, des Français se sont parfois mal conduits, certains prenant parti contre leur patrie, contre le Roi, pour les occupants… anglais par exemple ou allemands. La religion prétendue réformée s'installa et régna, provoqua des affrontements dans les esprits et dans les cœurs, marquant profondément certaines de nos régions. Mais nul ne reniait pour autant sa patrie, même si à certaines époques d'aucuns durent la quitter, se réfugier et vivre à l'étranger. Leurs familles, leurs enfants gardaient quelque chose de français, ne serait-ce que leur nom, leur patronyme, comme certains généraux de la Wehrmacht. Ceux des nôtres qui pendant la dernière guerre choisirent la collaboration avec l'ennemi obéissaient à des conceptions françaises sans doute coupables à nos yeux, mais ils restaient français, égarés, comme nous résistants l'avions été à leurs yeux pendant l'occupation. Il y eut aussi dans l'Histoire des criminels, mais j'entends rarement désigner ces criminels au moment du jugement par leur seule nationalité. Moussaoui est évidemment d'origine africaine et, avant tout autre qualificatif, il est musulman et c'est au nom d'Allah qu'il parlait à ses juges. Le français n'a rien de commun avec lui, certes il est né sur ce que Tarik Ramadan appelle « un territoire » ; sur ce point Ramadan a raison contre moi. Je me demande ce que pense l'américain moyen qui ne sait rien de l'Europe ni de la France, si ce n'est, s'il écoute la radio, que les Français qui se sont déjà désolidarisés de la campagne américaine en Irak sont solidaires de cet attentat. Alors combien sont-ils, à force d'entendre parler de ce français Moussaoui, à croire qu'il est un des nôtres. S'il est français, alors je ne le suis pas ! Cette loi qui donne la nationalité à ceux qui naissent sur ce territoire doit être abrogée. La nouvelle loi Sarkozy sur l'immigration n'est qu'un timide effort dans ce sens. Une fois de plus, je me demande comment mon pays en est arrivé là. Ce ne sont pas tellement les crimes qui me désespèrent, je le répète, il y en a toujours eu et de toutes sortes. Non, ce qui est affligeant, révoltant, c'est que les autorités ne tirent pas les conséquences de tels errements. Les autorités politiques sont muettes ; pas un seul journal ne prend la tête d'une campagne pour que soient rappelés les droits et les devoirs d'un français, de souche ou non.

Il était jadis possible d'être déchu de sa nationalité. Cette issue aurait dû être appliquée à Monsieur Moussaoui. Il ne s'est souvenu de sa nationalité acquise par territoire interposé que pour se faire assister d'avocats venus d'Europe. Déchu de sa nationalité, cela aurait servi d'exemple et ses imitateurs seraient sans doute moins nombreux. Ce serait un premier pas vers le refus de la propagande islamiste en France, je dis bien « islamiste » car c'est de cela qu'il s'agit. Naître français implique d'adopter la France et sa civilisation. Nul n'est obligé d'être français. Je me demande si, au train où vont les choses, j'ai envie de le rester.

Chapitre XXV

LES INCERTITUDES DES ÉLECTIONS PROCHAINES

Toutes mes réflexions sur l'état de la France, toutes mes colères devant les égarements de ses pseudo-dirigeants, toutes mes révoltes devant l'aveuglement d'un peuple, le tout rassemblé fait un recueil qu'on a envie de publier comme on publiait chaque semaine un éditorial de contestation cherchant à ouvrir les yeux des uns, le cœur des autres, la mobilisation du plus grand nombre.

Subissant une propagande si totalitaire qu'elle fait apparaître celle des nationaux-socialistes pendant l'occupation comme une fine rosée du matin, les Français auront-ils encore la force de réagir. J'ai écrit quelque part que la Résistance intellectuelle, affective, du peuple de France était si forte qu'en dépit des bombardements anglo-saxons, il resta comme imperméable aux torrents déversés par les radios et les journaux de la collaboration. Seul le talent d'Henriot faisait quelques dégâts, si préoccupants qu'il fallut le tuer pour le faire taire !

Mais il n'y avait que le verbe. Aujourd'hui l'image par la télévision bouscule les équilibres. À la veille de l'élection présidentielle, reste-t-il encore quelque espoir de voir la nation se réveiller ?

En observant les forces politiques en présence (ou ce qui en tient lieu), la façon dont sont fabriquées des marionnettes candidates à la présidentielle, en réalisant toutes les tares paralysantes du système électoral, j'aurais tendance à céder au désespoir et à me contenter de dire, d'écrire, de répéter aux Français : « Laissez-vous aller, abstenez-vous, l'abstention sera le témoignage de votre scepticisme à l'égard de la démocratie, abstenez-vous ! »

Nul n'a tiré l'enseignement des dernières élections présidentielles. Il suffirait pourtant de se souvenir : deux tours correspondant à la loi pour que les vedettes du premier de chaque parti restent face à face et que l'un d'eux l'emporte au second. Les résultats de 2002 indiquent la marche à ne pas suivre.

Que cela plaise ou non, à moi ou à Bayrou, deux grandes familles continuent à s'opposer en France : la gauche et la droite, chacune traversée de nombreux courants qui les affaiblissent. Sont présentés par leur parti deux candidats entourés l'un et l'autre par une série de dissidents affirmant détenir, eux, une vérité révélée. En 2002, parmi les contestataires à gauche s'affirma un homme d'une stature différente, Jean-Pierre Chevènement, socialiste indépendant national. Il remporta un réel succès qui élimina Jospin. À droite même scénario. Mais la vedette Chirac l'emporta sur son concurrent Le Pen placé tout près de lui, en tout cas devant le socialiste. Si Le Pen lui aussi n'avait subi l'érosion de quelques dissidents (fabriqués) d'extrême droite, il aurait été en tête !

Chirac l'emporta. Le Pen fut en vérité aussi mauvais au deuxième tour qu'il avait été bon au premier. Le spectacle de l'élection est sorti de la mémoire collective. Le candidat dit de droite (ma droite molle gauchisée) allait obtenir plus de 80 %

des voix. Je connaissais ce type de score. Je l'avais obtenu dans ma propre circonscription du Val-de-Marne en 1993 : ma dernière victoire politique au deuxième tour contre un jeune Front National, gendre de Le Pen, qui était seul resté en piste, les partis traditionnels n'obtenant pas le minimum de voix permettant de se maintenir ! Je ne m'étais abaissé à aucune comédie à l'égard de la gauche pour l'emporter. Je comptais sur les miens, sur mes électeurs de droite. Or, les socialistes se mobilisèrent tout seuls, votèrent contre le Front National, donc pour moi. Je n'en tirai aucune gloire, aucune satisfaction : le tour était joué.

Qui se souvient de Chirac, lui, entouré au deuxième tour des drapeaux algériens dans la rue, d'une foule qui rendait Bernadette honteuse ne parvenant pas à cacher son dépit ? Les quatre ans que nous venons de subir s'expliquent peut-être par cette nuit triomphale du président réélu !

Ce président que l'histoire de France ne concerne plus, s'est-il tout à coup senti investi par les différentes communautés ayant voté pour lui, donc responsable devant elles. Restent isolés les 15 à 20 % d'irrédentistes, image du passé, sans rapport avec les communautés diverses rassemblées sur le territoire de l'ancienne France. Peut-être le président élu s'estima-t-il investi par ces diverses populations qui lui assurèrent 80 % des suffrages et conclut-il qu'il était de son devoir d'en tenir compte et de les servir.

Marie-France Garaud pose la question dans le titre de son dernier livre : « Qui a tué la Ve République ? » Elle contribua jadis à l'épanouissement de la carrière de Jacques Chirac, protégé du collaborateur préféré de Pompidou, mon ami Pierre Juillet. Marie-France conclut son livre par les phrases de Jacques Chirac le 8 janvier 1996. Celui-ci évoquait à la télévision la mémoire de François Mitterrand. Il rendait hommage à l'homme « dans sa richesse et sa complexité » ; il s'agissait, je le répète, de François Mitterrand, l'homme d'État dont Chirac souhaitait que « nous méditions le message » ! La messe était dite. Chirac chaussait délibérément les bottes de l'adversaire le plus déterminé du général de Gaulle. En relisant ces propos, je mesure ce qui depuis toujours me séparait de lui. Dès notre premier contact, en dépit de Pierre Juillet, j'avais deviné que cet homme dynamique, séduisant, ambitieux n'avait rien dans ses gènes de cet attachement mystérieux à la Princesse des Légendes du général de Gaulle.

Ce romantisme sentimental ne le concernait pas. Nul instinct ne le rendait plus proche de l'homme du 18 juin 1940, fondateur de la Ve République, que de celui qui l'avait toujours combattu. Le premier rêvait, dès son adolescence, à la naissance et à la renaissance de la patrie. Dans ses discours de 1940, il exprime sa passion aveugle de la France. Quant à François Mitterrand, j'ai écrit en son temps un portrait de lui considéré par certains de ses proches comme trop lucide. Trop lucide, car je rappelais toute sa vie, ses convictions de jeune homme délibérément oubliées depuis par tout le monde. Le jeune François détestait la République qui, selon lui, humiliait tous ceux qui avaient un peu de sang dans les veines. Dès son adolescence, il voulait aller vite et très loin par n'importe quel moyen. Ce qu'il fera. Ceux qui évoquent ses deux septennats ont tout gommé de son passé, volontairement ou non. En plaisantant, on cite parfois la francisque et on néglige la coquetterie qui lui fera défendre le Maréchal lors de son procès à peu près seul à Paris. Cette coquetterie demandait du courage. C'est tout Mitterrand, mélange déconcertant d'ambition, de cynisme, de conviction et de mensonge. Son parcours passe de l'extrême droite de sa jeunesse au socialisme sans se renier. Il avait trop assimilé les jeux et les poisons du système de la IVe République. Il envoya tranquillement le contingent en Algérie, « Algérie française pour toujours », affirmait-il après s'être fourvoyé à Suez. Mais il excella dans l'opposition contre celui dont il voulait la place à l'Élysée et dans l'Histoire. Or, Jacques Chirac lui donna cette place une première fois en 1981 en faisant battre Giscard puis en copiant son parcours. François Mitterrand a-t-il servi ou non d'exemple à son successeur, qui dans sa jeunesse flirtait plutôt avec la gauche de l'appel de Stockholm ?

Si l'on compare les deux parcours, on est fasciné. Les contradictions ne sont pas les mêmes, mais elles sont de même nature. Tous deux furent à l'aise dans la cohabitation. Comme l'affirme Marie-France Garaud, ils ont tué la Vᵉ République. Le système d'élection qui leur survit en détruit les restes. Le peuple doit choisir le futur président. Les candidats pour disposer d'argent doivent appartenir à un parti et être désignés par lui. La Vᵉ République est donc redevenue contrairement à la volonté du général de Gaulle le régime des partis, des partis dont l'incohérence souligne l'impuissance.

Quand un homme politique est déterminé, habile et ambitieux, il doit d'abord s'emparer d'un parti. Sarkozy excelle dans ce rôle, tout en se fabricant la statue d'un guignol de l'info. Derrière la gauche, les médias ont mis en place une charmante marionnette que la presse popularise au point que les socialistes seront peut-être obligés de la désigner. On tente de faire croire aux électeurs qu'ils auront devant eux face à face Sarko et la Royal Ségolène. Ce n'est pas impossible. Mais il reste l'inconnu du Front National. Le Pen fait croire une fois de plus « qu'on veut » l'empêcher de trouver les cinq cents signatures nécessaires. Les sondages ne le créditent officiellement que de dix à douze pour cent de suffrages. Les observateurs savent très bien que pour le moment il a le vent en poupe. Vingt pour cent affirment certains… pessimistes ? À ses côtés, avec courage, talent mais sans charisme, Philippe de Villiers est le seul à décrire la guerre civile menaçante et de plus en plus proche. Sa présence limiterait le succès de Le Pen en favorisant le candidat officiel de la droite Sarkozy. En cas de face à face entre Le Pen et le socialiste, Ségolène ou pas, la victoire reviendrait automatiquement au socialiste.

Pour le moment, le discours, le comportement, les engagements du chef de l'UMP séduisent : Revaloriser le travail, mettre fin au monopole syndical, supprimer les droits de succession, l'aveu formel des méfaits de l'euro, sans oublier la réforme de l'immigration… Mais toutes ses promesses rappellent celles non tenues de Jacques Chirac. Ceux qui l'oublient sont tentés même s'ils n'appartiennent pas à l'UMP de voter pour son président. Celui-ci met dans ses discours une telle passion que de plus en plus nombreux sont ceux à être convaincus de sa sincérité. Mais il reste aussi ses erreurs sur l'Islam qui en paralysent d'autres.

Quant à Ségolène, ses photos un peu partout séduisent et font oublier son passé. Le mauvais ministre qu'elle fut, complice de toutes les erreurs des gouvernements socialistes auxquels elle appartenait, partisane comme tout le monde à gauche ou presque, en dépit de son admiration officielle pour Jeanne d'Arc, du mariage homosexuel. Elle n'est pas opposée à l'adoption d'enfants par de tels couples. Mais elle est belle, plus belle que ses concurrents, et puis c'est une femme ! Pour savoir comment voteront les Français, il faut se souvenir que ceux qui ont encore une certaine idée de la patrie n'ont pas oublié les émeutes de novembre 2005, les casseurs dans les beaux quartiers de Paris, les voitures brûlées… Alors ? Voter Le Pen pour montrer sa colère ?

Mais le deuxième tour ? Celui de 2002 n'est-il pas instructif, Le Pen a proposé l'union des nationaux à ses voisins. Villiers ne veut ou ne peut rien entendre. Travaille-t-il consciemment ou non pour Sarkozy ? Bayrou envisage-t-il déjà des négociations pour apporter ses voix à droite ou à gauche contre un poste de ministre ? Certains le prétendent. Tout cela est décourageant. Je me souviens d'un face à face qu'organisa Giesbert dans *Le*

Figaro entre Sarkozy et moi. Je prônais (déjà) l'union de toutes les droites soulignant que Mitterrand avait osé réaliser l'union des gauches par une alliance oh ! combien plus dangereuse ou plus détestable encore avec le Parti communiste qu'un éventuel accord de la droite avec Le Pen. En aucun cas, me répondit le jeune député, très engagé, courageux, dynamique, convaincu.

Je l'aime bien et lui ai écrit au lendemain du référendum qu'il aurait besoin un jour des voix des partisans du « non ». Il me répondit gentiment mais sans commentaire.

Villiers ne veut sans doute pas connaître des déceptions semblables à celles de son rapprochement jadis avec Pasqua. Inutile donc pour moi de jouer les bons offices. Peut-être entre la droite nationale de passion et Sarkozy ? Pourquoi pas ? Je ne peux rester passif aujourd'hui en me contentant d'attendre un miracle ou la poursuite du déclin. Car il y a la suite : les législatives, quels que soient les résultats de la présidentielle, verront les candidats de droite (molle ou nationale) battus s'ils se refusent à un comportement à la Mitterrand, c'est-à-dire l'union de toutes les droites, partant du centre droit jusqu'à la droite extrême. Beaucoup de choses alors redeviendraient possibles. Car la droite unie est majoritaire en France. Est-ce la route à suivre, c'est en tout cas un itinéraire à étudier. Je suis prêt à m'y consacrer, comme je l'ai fait en 1974 ! Ce chemin conduirait évidemment à un retour au régime d'assemblée, ce qui ne serait pas pire qu'un système des partis incohérent comme le nôtre. Une assemblée, pourquoi pas une nouvelle constituante pour établir une VIe République. Voilà qui serait dans les bonnes et mauvaises traditions de la France, cela vaut en tout cas mieux qu'un acte de décès !

Chapitre XXVI

LES MÉFAITS DE LA NOUVELLE ARISTOCRATIE

Il y a longtemps que nous savons qu'il y a quelque chose de pourri dans le royaume de Danemark. Nous prenons brusquement conscience qu'il y a aussi quelque chose de pourri dans notre République. Nous étions sans illusion sur les tares des régimes qui se succédèrent en France, quelle que soit leur nature ou le numéro des républiques. Les hommes sont les hommes. Colbert a beau passer pour un parangon de vertu, sa famille a mis des siècles à épuiser la fortune réalisée par lui. Tout au long des républiques, il y eut des profiteurs et des profits. Les scandales qui les égrènent de Panama à Stavisky finissent par faire hausser les épaules, avec mépris, mais aussi avec une indifférence devant la fatalité. L'incohérence, promue en système, provoque au contraire aujourd'hui un étrange malaise. Les Français ont toujours eu le goût des excès et même des révolutions, au nom de grandes idées, de grandes espérances généreuses souvent inaccessibles. La révolution de 1789 mit fin à un régime en apparence solidement établi mais avec des inégalités décrites comme insupportables. Tout ou presque tout fut détruit, puis rétabli : le temps des grandes folies de l'Empire ne dura qu'un instant, laissant la place à des gens qui voulaient toujours faire mieux, plus juste, plus social. Napoléon III lui-même s'escrimait, on l'a oublié, à écrire avant d'être empereur : *L'extinction du paupérisme.*

La troisième République pendant soixante-dix ans, car elle n'a duré que soixante-dix ans, tenta d'améliorer les choses. Les riches étaient trop riches ; les patrons prospères et inconscients, les travailleurs malheureux. Avec le Front Populaire, elle inventa les nationalisations. Certaines grandes entreprises devenant publiques appartiendraient désormais au peuple qui aurait droit lui aussi à des vacances. Ces vacances hélas se terminèrent avec l'armée allemande venant camper sur la Bidassoa.

Un court instant, les gestionnaires de la défaite firent à leur tour de leur mieux pour gérer l'ingérable. Le Conseil National de la Résistance mit au point un programme inconsciemment inspiré par les méthodes des technocrates de Vichy. Imprégnés des rêves du Front Populaire, les gouvernants de la France libérée, prenant en compte l'efficacité du dirigisme fatal des années noires, nationalisèrent tout ce qui concernait la collectivité : banques, assurances, électricité, gaz, j'en passe et des meilleurs. Prévoyant l'avenir, ils créèrent même l'École nationale d'administration. Ainsi l'État disposerait d'hommes et de femmes formés pour diriger, organiser, orienter l'économie au mieux des intérêts du propriétaire : le peuple. On ferait mieux que les pays se targuant d'un socialisme officiel et total.

La IVe République s'installa. L'évolution du monde, la volonté communiste et américaine de voir disparaître les empires coloniaux rendirent difficile la vie politique et économique des démocraties européennes, Grande-Bretagne et France. Cette dernière, prospère dans ses profondeurs, respirait parfois lorsqu'un homme issu des anciennes traditions, Antoine Pinay par exemple, se trouvait par bonheur à la tête du gouvernement. Ca ne durait pas et ne pouvait que mal tourner.

Par contre, l'ENA s'affirmait. La carrière éclatante du plus brillant des siens, Valéry Giscard d'Estaing, faisait rêver la jeunesse estudiantine. Les étudiants se voyaient assurés d'un avenir aussi étonnant que le sien. Le régime des énarques allait s'établir.

Ils s'installèrent partout, d'abord en silence, puis leur renommée atteignit des sommets. Les dirigeants, grands et moins grands, sortaient désormais tous du même moule. Consacrés aux entreprises qu'elles soient publiques ou privées, leurs réactions étaient semblables, axées sur l'organisation et l'efficacité théorique, appliquant les mêmes méthodes au service d'un pouvoir quel qu'il soit.

Sous le règne de Georges Pompidou, lucide et libéral, la Ve s'épanouit. Sous Giscard énarque, autoritaire et efficace, le pays sut grâce à lui faire face aux crises du pétrole sans trop de dégâts apparents.

Arriva le président Mitterrand, méprisant à l'égard de l'énarchie comme de toutes les oligarchies quelle que soit leur nature. Venant de la cagoule, connaissant la franc-maçonnerie, il laissa avec indifférence pendant ses quatorze ans de présidence la nouvelle aristocratie de l'ENA s'installer partout, quelles que soient les couleurs apparentes de ses convictions politiques. On vit par exemple passer un de ses produits du poste de Directeur du Cabinet d'un Premier Ministre rose à celui d'Ambassadeur dans un grand pays voisin pour y représenter une France présumée devenue blanche (de droite).

Les énarques géraient, commandaient, organisaient la République quelle que soit sa couleur.

Lorsque les conditions ou les fantaisies du pouvoir élu décidaient les nationalisations, les énarques nationalisaient, sans vergogne, sans hésitation.

Lorsque par l'alternance, l'opposition s'installait, ils « obéissaient » avec la même célérité et privatisaient lorsque cela devenait la mode. La cohabitation assura l'épanouissement de leur emprise.

Cette cohabitation mit fin à la démocratie. Mais sur le moment, les journalistes experts dans la presse assuraient que les Français appréciaient cette sorte d'union nationale ; union menant en réalité à la paralysie. Les institutions rendent le pouvoir de l'Élysée intouchable. Le Parlement, quelle que soit sa majorité, n'y peut rien. Sous d'autres républiques, la majorité parlementaire hostile au Président de la République l'obligea à démissionner ! De façon pittoresque, ce président s'appelait Millerand ; mais son opposition était de gauche et résolue ! Celle élue contre Mitterrand était de droite, hésitante, de tempérament vichyste, disposée à collaborer. Ce qu'elle fit.

La suite est connue.

Le règne de l'énarchie s'affirma. Le président suivant lui appartient. Il s'entoura d'énarques à l'Élysée, au Gouvernement, partout ; elle règne aussi bien dans la majorité que dans l'opposition à l'Assemblée Nationale.

Nulle surprise donc lorsque l'on analyse les privatisations succédant aux nationalisations. Les hauts responsables de ce pays haussaient les épaules. Qu'importe ce que les unes coûtèrent au pays. La droite parlementaire, lorsqu'elle détient la majorité, ne se préoccupe jamais de présenter aux Français les résultats de la politique d'un Premier Ministre, comme Pierre Mauroy, qui avait décrit lyrique devant l'Assemblée l'avenir radieux de la France, grâce aux nationalisations.

Les comptes n'ont jamais été présentés. Pour la droite, il ne faut pas faire de peine à son adversaire.

Les privatisations connurent d'abord un grand succès. Ceux qui, comme moi, les défendaient dans les domaines ne relevant pas de l'État « commerciaux et industriels » vécurent avec satisfaction la privatisation de Saint-Gobain, lorsqu'ils apprirent qu'un million 574 000 français s'étaient portés acquéreurs de ses actions. C'était un grand succès pour Balladur. Tout le monde l'a oublié. Nul ne se souvient de la volonté de voir les nouveaux actionnaires associés à la vie des entreprises, les dirigeants étant choisis par eux ! Mais dans le nouveau système mis en place, les énarques continuaient à régner.

Mitterrand ressentait que tout cela n'avait pas d'importance. Rocard sous son impulsion appliqua la fameuse politique du « Ni, Ni ». Ni nationalisation, ni privatisation. Comme par un intérêt suspect, on privatisait en douce, la nouvelle privatisation fut baptisée « démocratisation » ce qui était plus noble. Cela aussi est oublié. Du reste, il n'est plus question de nos jours de préciser qui appartient à qui. L'État vend ses actifs, les bijoux de la couronne, comme on disait jadis, à n'importe qui pour remplir les caisses vides. Il privatise même les autoroutes (!) sans choquer personne ; la gauche ne réagit que lorsqu'il s'agit d'EDF ou de Gaz de France car alors les syndicats s'agitent s'imaginant que s'ils changent de « propriétaire » ils auront affaire à des interlocuteurs moins faciles à manœuvrer que des énarques désignés par le pouvoir politique. Qu'importe, on privatisera les aéroports ! Les titres des journaux deviennent très gras pour annoncer des OPA venus de groupes étrangers ! Un étrange nationalisme surgit alors à l'Élysée, à Matignon, à l'Assemblée. La presse suit le mouvement. L'opinion, plutôt fière lorsque les sociétés françaises prennent le contrôle d'entreprises de leur voisin européen ou non, soutient le gouvernement lorsqu'il se livre à des batailles auxquelles du reste elle ne comprend rien. Le monde a changé – tant pis pour nous. Que l'union franco-allemande d'EADS patauge ! Que François Pinault soutienne le groupe indien désireux de prendre le contrôle d'Arcelor en dénonçant le racisme et la xénophobie du groupe luxembourgeois prêt à se livrer au russe Severstal par une prise de contrôle rampante, tout cela ne concerne pas le peuple.

Il est loin le temps des rêves de privatisation destinés à assurer l'entrée des petits porteurs à la place de l'État anonyme. Tout est plus anonyme encore désormais. De grandes institutions financières se livrent à des batailles auquelles le public reste étranger. Le chef du gouvernement pour rassurer les Français intervient pour éviter que « Suez » soit l'objet d'une OPA étrangère et imagine son rapprochement avec Gaz de France ! Mais une telle union diminuerait la présence de l'État dans le nouveau groupe. Il faut donc réflechir, calmer Dieu sait qui ! Au même moment, Bruxelles, c'est-à-dire l'empire des technocrates, préconise l'arrachage de 400 000 hectares de vignes en France sur cinq ans, entendant par là réformer drastiquement le secteur viticole européen ! La France, laquelle ? résiste. Le Ministre de l'Agriculture devient son porte-parole et constate que « l'Europe est à côté de la plaque ». Les Français qui ont dit « non » à l'Europe des technocrates constatent à quel point ils eurent raison. Mais trop tard ! La machine énarquienne française et bruxelloise est en marche. La gestion des affaires publiques n'a plus rien à voir avec les rêves généreux d'antan ! Il faudrait une révolution comme en 1792 pour chasser les nouveaux aristocrates énarques du pouvoir !

Chapitre XXVII

PARVIS NOTRE-DAME JEAN-PAUL II

J'ai un peu plus honte chaque jour de vivre dans ce monde-là. J'éprouve une vague consolation à constater que certains sondages indiquent que les Français, comme moi, en ont par-dessus la tête. Mais je me méfie des sondages.

Il y a une vingtaine d'années, je n'appréciais pas la gloire de Coluche. Le Théâtre de Charenton à l'époque sur ma suggestion organisa une soirée Raymond Devos. À ma grande satisfaction, le théâtre fut rempli d'un public divers et enthousiaste. Je n'avais qu'un seul regret, que le calendrier de Devos ne permît pas une seconde soirée tant les demandes de places n'avaient pu être honorées ! Mais la carrière de Coluche s'épanouissait et j'éprouvai quelque déception lorsque Thierry Le Luron participa avec lui à un spectacle indigne de sa carrière à mes yeux. Je l'aimais bien. Il avait participé à une de mes réunions électorales, à la satisfaction du candidat et des spectateurs. Aujourd'hui, l'anniversaire de la mort de Coluche est évoqué comme la disparition d'un mage de notre société. Comment s'étonner que cette société soit dans l'état où nous la subissons. L'autre soir trouvant peu d'intérêt aux mésaventures de Fabien Cosma sur une chaîne de télévision publique (la 3), j'eus la curiosité de regarder sur une chaîne câblée une série policière « Un flic nommé Lecoeur ». Le sujet n'était ni meilleur ni pire que celui de toutes les chaînes du même genre allemandes ou britanniques. La grossièreté du langage faisait toute la différence ; des enfants regardaient eux aussi ce triste spectacle et entendaient répéter par les policiers et les malandrins tous ces mots dont jadis ne figurait dans nos récits que la première lettre. Je regrettai en vérité Derrick, Frost ou un autre anglais. Comment s'étonner que les jeunes chez nous utilisent cet étrange langage qui n'a plus rien à voir avec le nôtre.

Le journal *Le Monde*, dans son numéro du 28 juin 2006, publiait le récit de la garde à vue d'un jeune délinquant multirécidiviste poursuivi pour tentative d'assassinat. C'est la loi de la cité qui le commande, affirmaient les policiers. Le récit du journaliste Luc Brunner donnait froid dans le dos. Le voyou (!), dix-sept ans, ne manifestait qu'un regret : n'avoir pas tué son adversaire ! Mais promettait de faire mieux la prochaine fois. On comprend les projets de loi du Ministre de l'Intérieur, candidat à la Présidentielle, sur la prévention de la délinquance.

Mais arriveront-ils à temps et une fois élu, aura-t-il encore le courage de tenir ses engagements ?

La société est dans un tel état qu'on est tenté d'en douter. Une lueur d'optimisme me saisit pourtant lorsque j'appris qu'une romancière algérienne Assia Djebbar était reçue sous la Coupole. Encore une femme qui donne l'exemple, pensai-je. Elle a adopté notre langue et la sert avec un tel talent que les quarante le reconnaissent au point de l'élire au siège de Georges Vedel. Je me promettais de la lire lorsque je fus remis à ma place par les comptes rendus de son discours de réception à l'Académie. Elle célébra, je cite ses mots, « l'immense plaie ouverte par le colonialisme ». Ses nouveaux collègues l'applaudirent. Je me demandais ce que pensait Giscard, s'il était présent ou Druon ou Dutourd ? L'Académie ne peut plus se targuer d'être française. Quel est celui des sages qui va démissionner ?

Nous vivions décidément une étrange semaine. Je n'aime guère et je désapprouve la Gay Pride, mais je pense à tort ou à raison qu'elle nuit aux thèses qu'elle prétend défendre par l'exaspération qu'elle provoque chez de nombreux parisiens, hétérosexuels ou non. Je n'avais encore eu le temps que de hausser les épaules lorsque j'appris par la lecture du *Canard Enchaîné* que le parvis de Notre-Dame portera désormais la double appellation « Parvis Notre-Dame Jean-Paul II ». Le maire, Monsieur Delanoë, a décidé que les plaques seraient inaugurées en grande pompe en compagnie de l'Archevêque de Paris, Monseigneur Vingt-Trois, et du gratin de l'Église parisienne. J'en conclus qu'il m'est donc permis, comme Jean-Paul II, d'être hostile à l'homosexualité, à l'avortement, à la contraception, au mariage des homos et des prêtres. J'ai oublié des condamnations de Jean-Paul II et des plus sévères… mais aurai-je en vérité le droit d'approuver aussi le maire de Paris qui crée à son tour un grand désordre dans les esprits, de gauche ou de droite. Encore une grande question, sans réponse.

Chapitre XXVIII

LE MOYEN-ORIENT ET LE LIBAN

Dès sept heures du matin, une foule d'abord clairsemée, puis de plus en plus dense, traversait le Pont Alexandre III pour se rendre aux Champs-Élysées dont je savais les stations de métro fermées en fonction du défilé militaire. Celle des Invalides n'arrêtait pas de fournir un contingent qui rejoignait les piétons arrivant par la rue de Varennes ou la rue de Grenelle. Tous ces volontaires voulaient donc assister à la revue du 14 juillet 2006. Je ne pouvais pas ne pas me souvenir un instant du défilé le plus spectaculaire de l'Histoire, celui du 14 juillet 1939. Son importance frappait les esprits témoignant peut-être du désir des parisiens d'être rassurés à la veille d'un conflit auquel ils ne voulaient pas croire et qu'ils redoutaient. Quel sentiment animait donc, en ce début du siècle en 2006, les volontaires qui ne craignaient pas la chaleur caniculaire et qui se précipitaient pour cette manifestation si traditionnelle. Voulaient-ils participer à la Fête Nationale, le 14 juillet gardant à leurs yeux une réelle signification ? Étaient-ils encore attachés à cette armée symbole de la République ? La patrie gardait-elle un sens pour eux ? Ils ne ressemblaient en tout cas pas aux masses s'agitant pour fêter les joueurs de football quelques jours avant et pour réclamer ou pleurer Zidane. Les voyous, par contre, n'avaient pas déposé les armes. Pour la seule Ile-de-France, en dépit du déploiement de quarante-huit unités de CRS et de gendarmes mobiles, plus de cent soixante véhicules furent incendiés, sans compter les feux de poubelles et les colonnes de pompiers appelés en renfort la nuit. Même situation en Province et singulièrement à Lyon où soixante-huit unités d'intervention étaient mobilisées pour prévenir la violence sans réussir à éviter une petite barricade dressée par des jeunes casseurs après une agression contre une voiture de police.

J'écoutai ensuite l'entretien du président de la République avec deux journalistes. Cette conversation n'avait aucune solennité. Elle donnait l'impression d'un échange de vue sur la situation dans le monde et il fut d'abord, c'était inévitable, question du Moyen-Orient, du Hezbollah, des réactions dites démesurées d'Israël. L'affaire du prisonnier de guerre, ainsi appelé par ceux qui l'ont enlevé, soulignant par ces mots qu'il s'agissait d'un acte de guerre, apparaissait comme une déclaration de guerre à laquelle Israël ne pouvait pas ne pas répondre. Puis tout à coup, le Liban prenait la première place. Il me faisait mesurer l'ampleur des erreurs des Occidentaux et celles de la France qui à mes yeux était la plus responsable. Je connaissais et j'aimais le Liban. À l'issue de la première guerre mondiale, la France s'était vu attribuer un mandat sur la Syrie et le Liban. Le génie du général Gouraud refusa la grande Syrie et organisa le Moyen-Orient en séparant les deux entités : Syrie et Liban. Il prévoyait un avenir pour le Liban à majorité chrétienne. En 1943, la défaite de 1940, les rivalités franco-anglaises aboutirent à l'indépendance des deux États, la Syrie ne reconnaissant pas d'ailleurs celle du Liban. La constitution adoptée par ce dernier fixait la place et le rôle des diverses communautés chrétiennes maronites, musulmanes, sunnites et chiites. Cinquante-trois pour cent de chrétiens majoritaires détenaient de droit la Présidence de la République, les deux communautés musulmanes se partageaient la tête du Gouvernement et celle de l'Assemblée. Le Liban s'affirma comme la seule démocratie du Moyen-Orient. Ce qui l'amena à accepter sur son territoire la présence des réfugiés palestiniens dont le nombre grandit singulièrement après « septembre Noir », la brutale, terrible et lucide répression du roi de Jordanie qui refusait l'activité islamiste chez lui : pas de camps de réfugiés palestiniens en Jordanie. Ils s'installèrent au Liban et se considérèrent comme faisant partie de la communauté musulmane libanaise, devenue ainsi majoritaire par leur présence. Le Liban paya d'une guerre civile permanente les affrontements entre chrétiens maronites et musulmans.

Pendant mes séjours relativement fréquents en Israël, je déclarai, sans rire, à mes interlocuteurs, israéliens musulmans et chrétiens, que je venais sur place étudier la renaissance du royaume franc de Jérusalem. Hélas, si j'avais toutes raisons d'admirer la passion des juifs à donner une réalité à l'utopie fondatrice de Herzl au cours de mes séjours au Moyen-Orient, je voyais souvent aussi avec tristesse la civilisation française s'effacer et disparaître. Le Liban restait l'exception par la présence du christianisme et de la langue française. Mais il allait payer très cher son caractère démocratique et tolérant. Les chrétiens n'ayant plus la majorité des habitants, les accords de 1943 s'effacèrent, et dans l'indifférence de l'Occident, la Syrie s'installait à Beyrouth pour rétablir la paix. Pendant la guerre du Liban, j'eus le privilège de rencontrer Béchir Jemayel, chef charismatique des phalanges chrétiennes. Il m'expliqua la guerre et la façon de la gagner. Il provoquait un tel enthousiasme mêlé de fanatisme que j'avais presque envie d'aller combattre à ses côtés. Il fut porté à la tête du Liban, il fallait donc l'assassiner !

J'ai en son temps remarqué qu'il y eut trois attentats dans ces années-là, le Pape Jean-Paul II, Reagan et Gemayel. Seul le troisième atteignit son but. Certes, le frère de Gemayel devint à son tour président du Liban, mais c'était une sorte d'occidental passif. Les chrétiens sans alliés, divisés, furent vaincus par les musulmans qui, eux, étaient soutenus à la fois par l'Iran et par la Syrie.

Ce qui différenciait Béchir des autres dirigeants, c'était la façon dont il envisageait, pour remporter la guerre civile au profit des chrétiens, une alliance avec Israël. Il me l'avait annoncé et démontré. Là résidait à ses yeux la seule issue victorieuse pour les chrétiens. J'aurais dû comprendre ce jour-là pourquoi il fallait pour l'Islam à tout prix qu'il disparaisse !

Dans l'indifférence de l'Occident, la Syrie fit du Liban une de ses provinces, ce qu'elle prétendait devoir faire depuis toujours. Les États-Unis soutenaient Israël mais ignorèrent longtemps le Liban. La France, beaucoup plus coupable en fonction des liens très anciens qui l'unissaient à lui, se contenta d'assurer, comme à regret, la protection du général Aoun, le dernier chef chrétien, pour qu'il puisse se réfugier chez elle. Elle a perdu toute considération aux yeux des populations du Moyen-Orient depuis qu'elle a laissé sur le terrain un ambassadeur assassiné par les Syriens et soixante parachutistes morts dans l'attentat du Drakkar. Le président français avait annoncé « urbi et orbi » que les méchants seraient punis. Les méchants se portent bien. Et les enlèvements d'otages français n'ont jamais entraîné de sanctions de quelque nature qu'elles soient. Israël, lui, ne mange pas de ce pain-là, mais quelle est la nature du pain que nous mangerons demain ? La façon dont nous laissons « les réfugiés » musulmans s'installer chez nous ne prépare-t-elle pas pour la France le sort du Liban ?

Chapitre XXIX

L'ISLAM NE RENONCE JAMAIS

Mon père, frappé par la mort de son frère des suites de la Guerre et plus encore par la disparition de son neveu engagé volontaire à dix-huit ans en 1917 et tué quelques mois plus tard, était hostile à la guerre. Il m'emmenait au cinéma voir « Les croix de bois » ou « À l'ouest, rien de nouveau », deux remarquables films tirés des romans de Dorgelès et de Remarque. Je n'en retenais que l'héroïsme. Il fallut l'entrée des Commandos de France à Pforzheim où nous découvrîmes vingt mille morts sous les décombres pour qu'après les combats de Durrenentzen en Alsace où nombre de mes camarades des commandos tombèrent à mes côtés pour qu'à mon tour, je prenne la guerre en horreur. Toutes ces morts de civils allemands tués par les bombardements étaient-elles bien nécessaire… mais j'étais jeune. Je haussais les épaules. Je pensais que ceux qui provoquent la guerre paient très cher parfois leur crime.

Je comprenais l'acharnement de Churchill, marqué par les premiers bombardements de Londres, à détruire sans raison militaire Dresde, dont ma jeunesse gardait le souvenir. Je pris aussi mon parti, comme tout le monde, des bombes atomiques abominables sur Hiroshima et Nagasaki ! Je me souvenais des massacres japonais en 1944 au Vietnam français !

En 1938, j'avais à peine seize ans, je ne comprenais pas ce désir de sauver la paix à tout prix, à laquelle il fallait tout sacrifier, surtout l'honneur : en me souvenant aujourd'hui de ma colère et de mon mépris pour cette foule immense allant acclamer Daladier à son retour de Munich, je me dis qu'elle était composée de vieux de plus de quarante ans qui, ayant vécu la guerre, ne voulaient « plus jamais voir ça... ». Cette horreur compréhensible explique toutes les capitulations. Mais elle assure aussi à ceux qui provoquent, qui attaquent, un sentiment de toute-puissance. Elle conduit les provocateurs, les agresseurs à faire n'importe quoi puisque les autres préfèrent transiger, capituler pour ne pas avoir à combattre !

Là est la photographie de notre avant-guerre... de 1939. C'est celle aussi de tous les effacements européens depuis bientôt soixante ans. Ainsi s'expliquent nos reculades et l'incompréhension générale devant l'attitude de ceux qui ne capitulent pas. Les Français ne se souviennent pas de la Normandie détruite par les bombardements anglo-saxons et des milliers de morts accumulés pour permettre le débarquement... tant attendu. Certes, à l'époque, il n'y avait pas ce déferlement d'images à la télévision. Si la presse parisienne maudissait les assaillants et leurs crimes, l'opinion réagissait peu. Arrivant d'Alger après mon parachutage et retrouvant Paris, je découvrais la DCA allemande installée sur l'Esplanade des Invalides, cela m'amusait ! Je suis comme tout le monde aujourd'hui, la guerre du Moyen-Orient ne m'amuse pas. Je rêve sans espoir aux interventions diplomatiques pour arriver au cessez-le-feu : les pressions des Européens pour qu'Israël arrête ses bombardements, leurs pressions pour convaincre les Américains de se joindre à eux pour obtenir « la compréhension d'Israël ». Il n'y a pas longtemps, Jérusalem a accepté d'évacuer

Gaza, les territoires occupés, après une guerre dont elle fut d'abord victime, les agresseurs ayant été vaincus. Le geste d'Israël, allant jusqu'à la destruction des communautés juives installées dans lesdits territoires, ne fit que convaincre les ultras du Hezbollah par exemple, que ce n'était pas un geste de paix, mais une reculade, donc une victoire pour les Palestiniens justifiant de nouvelles agressions préparées de longue date avec l'appui de la Syrie et de l'Iran.

Israël a décidé de ne pas se laisser faire. Nul ne semble surpris de voir le Hezbollah disposer d'un nombre presque illimité de roquettes qu'il lance sur Haïfa. Les jeux sont truqués. L'adversaire islamiste déjà surarmé, il faut donc « négocier ». J'ignore ce que Washington décidera. Il y a aux États-Unis comme partout un parti de la paix à tout prix. Il a déjà été vu à l'œuvre. Les républicains se trompent souvent. Vivant dans l'illusion qu'il suffit de chasser un dictateur pour que s'installe la démocratie. L'expérience ne semble jamais servir personne. Les États-Unis aidèrent la révolte des Talibans en Afghanistan pour vaincre les Soviétiques. Aujourd'hui, ils témoignent de la même façon d'une certaine timidité à l'égard de l'Islam dans leur propre pays !

Je garde le souvenir cuisant de la mésaventure anglo-française de Suez. Leur reculade exigée par les Américains et les Russes, unis pour une fois contre nous au profit de Nasser, marque un tournant tragique dans l'affrontement qui se préparait entre l'Islam et les Occidentaux. J'étais à cette époque chargé auprès du général commandant les troupes françaises au Maroc de tout ce qui était délicat, la liaison avec les Espagnols et plus déconcertante encore celle avec le ministre de France résidant à Alger Robert Lacoste, brouillé avec son homologue, socialiste lui aussi, responsable de la Tunisie et du Maroc, Monsieur Savary. À ce moment-là, les relations diplomatiques entre Rabat et la France étaient rompues. Nous n'avions plus d'ambassadeur. Le général Coigny en tenait lieu. Dès que l'offensive anglo-française à Suez débuta, le ton de nos relations avec les autorités marocaines changea. Nos interlocuteurs se comportèrent de nouveau comme jadis à l'égard des autorités du Protectorat. Cela dura quelques jours jusqu'à ce que les Américains obtiennent que les forces anglo-françaises mettent l'arme au pied. Nasser était sauvé, en dépit du comportement ridicule de l'armée égyptienne, battue par l'armée israélienne, en dépit des succès remportés par nos parachutistes, Nasser apparaissait comme le vainqueur : le sort de Suez était joué, hélas celui de l'Algérie française l'était aussi.

Autre souvenir de mon séjour, l'arrestation de Ben Bella et de ses complices. À sa descente de l'avion que les autorités françaises avaient obligé d'atterrir à Alger, Ben Bella, fait prisonnier, eut ce mot révélateur : « Je n'aurais pas cru les Français encore capables de faire cela ».

Cette autorité brutale affirmée assurait tout à coup l'estime de l'adversaire. C'est un symbole. Depuis, la France a perdu la face. Au Moyen-Orient, elle n'est plus qu'un souvenir. Ses interventions pour obtenir le cessez-le-feu provoquent la sympathie de ceux qui ne l'ont pas oubliée, mais ne sont pas prises au sérieux par ceux qui annoncent Urbi et Orbi et le répètent à travers le monde et les télévisions personnelles et internationales qu'ils détruiront Israël ! Même si les pressions de l'ONU, l'accord des Américains aboutissait à un arrêt de la violence, rien ne sera changé sur le fond. Seul le désarmement par la force (laquelle ?) du Hezbollah aurait un sens temporaire. L'Irak prouve que seul un dictateur du type de Saddam Hussein est capable d'assurer par la violence une apparente stabilité. Les Américains imaginent que les dictateurs abattus, la démocratie s'impose ; l'éclatement de la guerre civile en Irak entre sunnites et chiites leur prouve le contraire. L'Irak, l'Afghanistan leur ouvrent un instant les yeux. Ceux des Européens en tout cas restent fermés, eux qui laissent l'Europe se transformer peu à peu en une série de futurs « Liban ».

L'Islam ne renonce jamais, même si parfois il se couche. Au premier signe de faiblesse, il reprend le combat au nom de l'obligation divine de chasser, de soumettre, de détruire les infidèles ! En ce début du troisième millénaire, les musulmans sont repartis à la conquête du monde ; le retour, disent-ils, lorsqu'il s'agit de l'Espagne ! Si les jeunes casseurs en France ignorent tout de l'Histoire, ils savent une seule chose et ils le clament : il faut « niquer » les Français et détruire Poitiers.

CONCLUSION

Arrive le moment où il faut conclure. Pour réussir, il est bon de repartir d'où l'on a commencé. Lorsque j'ai publié mes mémoires s'étendant sur plus de soixante ans, les observateurs et les critiques ne se sont intéressés qu'à mes années de guerre et de résistance. Je fus, il est vrai, le plus jeune chef de réseau de renseignements. Après la guerre, je plaisantais dans les réunions d'anciens en constatant qu'un jour je serais le dernier d'entre eux, si la mort respecte entre nous le calendrier.

Le temps a passé. Parmi les plus brillants le général Belleu, le colonel Remy, Lousteau Lacau, Marie Madeleine ont disparu. Je deviens, si Dieu le veut, je le répète, un des derniers témoins de cet aspect de la Résistance mal connu. Je me suis tourné dans mon propos d'aujourd'hui sur le passé plus lointain de l'immédiat avant-guerre. Le comportement politique des gouvernements et le peuple qui l'approuvait, m'étaient et me restent insupportables.

Dans mes souvenirs, les phrases célèbres d'Albert Sarraut notamment, affirmant que la France ne tolérerait jamais que des canons soient tournés sur Strasbourg… et mon pays restant muet lors de l'occupation par l'Allemagne de la Rhénanie ; la foule immense se rendant à pied au Bourget pour acclamer l'homme qui obéissant à l'Angleterre avait sacrifié la Tchécoslovaquie à Munich ; tout cela me laissait blessé, endolori, inquiet, tant me semblait profond le fossé se creusant entre l'Allemagne et nous.

Parfois de grandes phrases me réconfortaient encore. La lecture d'un article du général Weygand dans *L'Illustration* ayant pour titre « La France est défendue » me rassurait.

Vint la guerre, la défaite et ce mois de juin 1940 où l'armée allemande aurait occupé tout le pays sans l'armistice souhaité par tous les Français, sauf quelques-uns, dont moi.

Il n'y avait plus de France !

À Vichy, une vieille voix brisée célébrait le passé, accusant les mensonges qui nous avaient fait tant de mal. Une autre voix à Londres tentait de mobiliser ceux qui refusaient la défaite. Les deux discours, celui du Maréchal et celui de de Gaulle, parlaient de la France. À Paris, nous avions parfois tendance à imaginer qu'elle était morte.

Le destin en décida autrement. Mais jamais, hélas, les responsables, les coupables de la défaite ne furent identifiés, jugés, condamnés. Je ne souhaitais pas pour eux le châtiment suprême. Mais mes amis nombreux et moi qui n'aimions pas les fureurs de l'épuration souhaitions que jamais un aveuglement pareil à celui des années trente à quarante ne conduise à de pareilles tragédies.

Soixante ans ont passé.

En 1940, la France était pulvérisée, mais on parlait d'elle, comme d'un fantôme peut-être, mais nul ne l'oubliait. En ce début du XXIe siècle, elle n'est simplement plus là. Les foules se mobilisent pour la Gay Pride qui ne fait pas l'unanimité. Mais l'anesthésie efface tout grâce à la Coupe du Monde de football et au talent surhumain de Zidane. La presse interdit à quiconque de s'intéresser à un autre phénomène que l'apothéose dudit Zidane, pleine page et immense titre du *Figaro* quotidien (le plus austère des journaux du matin) et plonge le public dans une étrange panique le lendemain avec le même scénario sur le triomphe injuste de l'Italie et la honte de Zidane portraituré en pleine page vu de dos.

La France, ou ce qui en tient lieu, n'a plus le droit de s'intéresser à rien. Comme tout le monde, je regrette qu'elle ne soit pas championne du Monde de football et que Zidane ait donné un coup de tête à un italien qui l'injuriait. C'est dommage. Ce n'est pas très grave. Mais c'est si important que le chef de l'État prend ouvertement parti pour le joueur exclu. Il le couvre de louanges, de son affection et de son admiration que partagent selon lui tous les Français ! Bravo ! Les Français vont pouvoir dormir en paix et Jacques Chirac voir son impopularité diminuer de trois points ! Tous les Européens, en tout cas les Italiens, les Français et les Allemands se groupent par centaines de milliers pour savourer avec véhémence et violence de tels destins. Et la France dans tout cela ? Elle est absente, Monsieur, aveugle, absente. Aucun danger ne la menace comme en 1939.

La guerre entre l'Islam et Israël ne la concerne pas, pas plus que les massacres par les milices arabo-musulmanes au Darfour, ou les chrétiens cibles préférées des attentats en Turquie. Tout cela est loin, vain, on n'y peut rien. Les avertissements du pape à Valence retiennent à peine l'attention. Zapatero, chef du gouvernement espagnol, boude la manifestation prévue par Jean-Paul II et à laquelle Benoît XVI a attaché l'importance qu'elle mérite dans un pays en voie de déchristianisation socialiste accélérée. Je dis bien socialiste, car son gouvernement n'aperçoit pas que le vide moral qu'il crée, facilitera ce que les musulmans appellent leur retour.

Benoît XVI ne cesse de condamner ce qu'il appelle la libération des mœurs en Europe. Il a lucidement, avec fermeté, accusé les médias de ridiculiser la haute valeur du mariage et de la famille. Il s'adresse aux jeunes que les sociétés occidentales laissent à l'abandon. Il entend les libérer des accusations portées contre la morale catholique et prône une pastorale de l'intelligence rappelant que le catholicisme n'est ni désincarné, ni la négation de l'amour entre un homme et une femme. Le gouvernement Zapatero, lui, entend tenir tête au Vatican. Pour le compte de qui ?

Castro, parce qu'il est communiste, est moins aveugle. Il était présent et tenait à ce que cela se sache à la messe célébrée par Jean-Paul II à Cuba. Il est vrai que le président de la République française et le Premier Ministre d'alors, Jospin, n'avaient pas non plus assisté à la messe célébrée par Jean-Paul II à l'issue des Journées Mondiales de la Jeunesse. Ce que Villiers appelle UMPS prenait tout son sens et l'Islam peut agir tranquillement. Car lui ne dort jamais. Qu'il soit terroriste, islamiste ou raisonnable. Une immense mosquée, la plus importante d'Europe, va être construite à Marseille. Après bien des hésitations, la décision est prise et le financement assuré (je ne sais pas par qui, mais je doute que l'Arabie Saoudite y soit étrangère). En tout cas Bouygues est candidat comme il le fut au Maroc, comme il l'est à Alger.

Je fus de ceux qui, dans l'armée jadis, facilitaient leurs prières à nos camarades musulmans. Mais les temps ont changé, je sais que tous les musulmans ne sont pas terroristes ! Tous les Allemands n'étaient pas nazis ! Mais les temps étant ce qu'ils sont, j'en reviens à ma seule conclusion : Que la France se réveille ou alors, **« Ne l'appelez plus jamais France » !**

Achevé d'imprimer le 30 janvier 2007
en la *Sainte Martine*

par la St ACORT (91-Les Ulis) sur presse num rique
www.cogetefi.com

Dépôt légal : 2006